카드뉴스 형식으로 알기 쉽게 설명한

스포츠 토토 바이블

현직 스포츠 애널리스트가 알려주는
올바른 베팅법!

장은석

아티오
ArtStudio

서문

스포츠토토는 2001년 10월부터 발매가 시작되어 2002년에 220억원의 매출을 기록하였습니다. 이후 지속적으로 성장하여 2016년부터 복권사업(로또 등)매출액을 넘어서더니 2019년 마침내 연간 5조원 매출을 돌파하였고 집계된 온라인 이용자만 70만명(2018)을 기록하였습니다. 오프라인 이용자 및 불법시장까지 들어가게 되면 그 규모는 상상을 초월할 것이며 매년 더 커져가고만 있는 천문학적인 시장입니다.

※ 사행산업통합감독위원회

하지만 시장규모는 매년 커지는데 반해 이용자들에게 돌아가는 환급률은 60%대로 손해만 보고 있으며, 제대로 된 가이드 · 스포츠토토 입문서 조차 찾을 수 없는 현실입니다.

주식, 부동산 등 다른 재테크 수단은 수많은 도서, 강좌 등이 많은 반면 스포츠토토는 거의 전무하다시피 하고, 많은 사람들이 스포츠토토를 잘 하고 싶으나 무엇을 어떻게 시작해야될지 고민만 하고 있고 실제로 제대로 된 정보를 얻을 수 있는 방법이 없어 원칙 없이 엉망으로 베팅을 하고 있습니다.

스포츠토토 판매처에 방문해보면 정말 기본적인 것도 모르고 팀 명만 보고 베팅을 한다던지 심지어 무슨 경기인지도 모르고 선택하는 사람도 있습니다. 또 연패에 빠져 허우적거리는 사람, 일당을 베팅에 모조리 쏟아 붓는 사람, 충동을 억제하지 못해 분노베팅을 하는 사람도 많습니다. 온라인상에서도 마찬가지입니다. 그냥 남들이 베팅한 것을 따라간다던지 그저 끌리는대로 선택하여 베팅을

하고 겉핥기씩 정보만을 가지고 '이것이 정답이다'라고 확신하고 큰 금액을 베팅하는 사람 등 저는 그러한 사람들을 볼 때마다 안타까웠으며 그들에게 조금이라도 도움이 되고 싶었습니다. 물론 제가 알려드리는 것이 무조건적인 정답은 아닙니다.

하지만 저는 수많은 경기를 분석하며 쌓은 베팅 경험과 분석 노하우를 가지고 있으며, 스포츠 애널리스트 양성을 위한 교육을 꾸준히 진행했었습니다.

또한 분석교육 강사모집을 통해 전국각지에 숨어있는 수백 명의 재야의 고수를 만났고 뛰어난 사람들과 함께 일하면서 그들의 경험과 기술, 다양한 분석방법과 스포츠토토 관련 지식을 방대하게 보유하게 되었습니다.

이러한 경험을 통해 변수를 최대한 줄여 잃지 않는 올바른 베팅기술과 분석방법을 정립했습니다.

그리하여 저는 제가 알고 있는 모든 노하우와 경험을 다 방출하여 필요로 하는 사람들에게 도움이 되고 가려운 곳을 긁어 줄 수 있는 그런 책을 쓰고 싶었고 이 책이 집필되기 시작하였습니다.

스포츠토토 바이블은

스포츠토토를 시작하고 싶으며 잘하고 싶고 제대로 해보고 싶은 그런 사람들을 위해 쓰여진 '스포츠토토 입문서'가 되고 싶습니다. 또한 많은 사람들이 이 책을 통해 올바른 베팅방법을 알아가고 나아가 건전한 베팅문화를 형성하는데 이바지하고 싶습니다. 감사합니다.

차례

part 1 기본 개념과 용어 설명 분석의 기초 다지기

part 2 기술적인 종목별 세부 분석

part 3 경기 외부적인 분석 데이터 활용 분석

part 4 원칙과 관리 성장과 발전

질서는 편하고 아름답고 자유로운것
우유 투게더
동아세계대백과사전
대한교육보험
흥국생명
ASICS
삼익가구
흥국생명
행남자기
동아생명
린나이
제록스
제일은행
금성VTR
쿠라필름
엑티브

기본 개념과 용어 설명 분석의 기초 다지기

★

스포츠토토란 무엇인가!
어떻게 하는 것인가!
배당이란 무엇인가!
스포츠토토 개념과 용어를 설명하고
본격적인 분석에 앞서
필요한 기초를 배우는 단계입니다.

이별

"오빠, 우리 헤어져"

식욕을 자극하는 냄새로 가득 찬 고깃집 안, 회식하느라 왁자지껄한 회사원들의 웃음소리도, 삼겹살이 익어가는 소리도, 호찬의 귀에서 멀어져만 간다.

맞은 편에 앉은 그의 연인, 수현이 무어라고 말하지만 호찬은 시선을 내리깔고 불판을 향했다. 언제부터였을까? 그녀의 당당하고 자존감 넘치는 눈을 마주보기 힘들어진 것은…….

달궈진 불판 위에 얹어진 삼겹살은 군침이 돌 정도로 잘 익어가고 있다. 하지만 호찬의 뇌리를 스쳐 지나가는 것은 끊었던 담배였다.

"오빠, 내 말 듣고 있어?"

호찬은 힘없이 고개를 끄덕였다.

청천벽력 같은 말 이후에 수현이 연이어 내뱉은 말은 알아듣지도 못했지만 그건 아무래도 상관없다. 이미 이 관계의 끝을 그녀가 말했기에.

"오빠랑 난 여기까지야. 우리 헤어지자."

"그래, 그간 미안했다."

차디찬 그녀의 목소리. 감미로운 목소리로 사랑을 속삭였던 그녀의 이별 선언에 호찬의 목소리가 떨렸다.

갑작스레 돌아가신 아버지의 장례식에도, 아버지가 남긴 사채에 놀라 쓰러질 때도, 그 빚을 갚느라 흔한 목걸이 하나 못 해주더라도 곁에 있던 여자친구. 무엇이 그녀를 변심하게 했는가?

“역시 붙잡지 않네. 난 오빠의 자신감 넘치고 당당한 모습을 좋아했었어. 이렇게 항상 미안해하고 내 눈치를 본다는 것이 싫어.”

“무슨 염치로 널 당당히 보냐. 기념일 하나도 챙겨주지도 못하고 있는 거라곤 빚밖에 없는데…….”

호찬은 한숨을 푹 쉬며 눈을 가볍게 감았다가 떴다. 자신을 향한 그녀의 시선에는 이제 애정이라곤 느낄 수 없었다. 그 눈빛을 마주하기 힘들어서 저절로 시선을 피하고 싶었다.

‘안 돼.’

참아야 한다. 당당했던 자신의 모습을 좋아해 준 그녀에게 마지막만큼은 어깨를 펴고 마주 보고 싶기에 참아야만 했다.

“고깃값은 내가 계산하고 갈 거니까 다 먹고 가. 내일이 납부일이니까 돈 없잖아?”

그 말을 끝으로 그녀는 그의 곁을 떠났다.

익숙하고 편했지만, 어느 순간 미안함에 불편해진 그녀.

사랑하는 연인이 떠난 빈자리를 바라보던 호찬은 고개를 떨궜다.

비정한 현실에 술에 만취하고 싶었지만, 아직 남아있는 빚을 생각하면 그것도 불가능하다.

“하아…….”

아버지가 남긴 빚이 없었다면…. 아니, 빚이 있더라도 돈만 있었다면…. 빌어먹을 돈만 있었다면 이렇게 끝나지 않았을 텐데!

스포츠토토 (Sports toto)

스포츠 경기를 대상으로
경기가 개최되기 전 결과를 예측하여
경기 결과에 따라
환급금을 받는 레저 게임

국민체육진흥공단(KSPO)에서 발매하는
스포츠토토는

2001년 220억원의 매출로 출발했으나
현재는 5조원이 넘는 매출을 기록하며
급속도로 성장했습니다.
(로또의 경우 4조 3181억원을 기록)

스포츠토토가 복권이나 로또와는 다른 이유!

인쇄식 복권(즉석 복권 등), 로또 처럼
운에 따라 당락이 좌우되는 것이 아니라

선수의 기량, 팀 전술 등
분석을 통해 경기 결과를 예측하여
적중률을 높일 수 있다는 점 입니다!

스포츠토토는

크게 **두 가지 방식의 게임**으로
나눠집니다!

토토 & 프로토

이렇게 봐서는
무슨 말인지 잘 모르시겠죠?

지금부터
상세 설명 들어갑니다!

2001년부터 도입된 체육진흥투표권은
고정 환급률 방식과 고정 배당률 방식으로
구성되어 있으며

고정 환급률 방식을 **'토토'**
고정 배당률 방식을 **'프로토'**
라고 합니다.

고정 환급률 방식 '토토'

회차당 투표권 총 매출의 50%를
고객의 개별 투표 금액에 따라
당첨금으로 지급하는 **'토토'**

토토 게임의 종류에는
득점과 실점을 맞히는 **점수식 게임**
이를 혼합한 **혼합식 게임**
우승자·등수·득점 선수 등을 맞히는 **특별식 게임**
으로 구성되어 있습니다.

점수식
특정 경기 특정 상황(전반, 1쿼터 등) 및 최종 득점 맞추기 등

혼합식
2경기 혹은 3경기(더블, 트리플) 의
특정 상황(전반, 1쿼터 등), 최종 득점 점수 맞추기 등

특별식
2022년 월드컵 우승팀 맞추기 등

고정 배당률 방식 '프로토'

경기별로 배당률을 정해
투표 금액을 곱한 금액을
당첨금으로 지급하는 **'프로토'**

프로토 게임의 종류에는
정해진 경기 중 원하는 경기를 선택하여
해당 경기의 승·무·패를 예측하는 **승부식 게임**
대상 경기의 기록을 맞히는 **기록식 게임**
으로 구성되어 있습니다.

승부식
대상 경기 중 본인이 원하는 일부 경기만 선택하여
승·무·패 맞추기
(기타 유형 : 핸디캡, 언더/오버 등)

기록식
특정 경기의 점수, 우승자 등을 맞추기

작년 고정배당률 투표권(프로토)의
발매액은 4조5천억원을 넘기며
스포츠토토 발매액의 대부분을 차지했습니다.

그렇기에 일반적으로 얘기하는 스포츠토토란
프로토 승부식을 뜻하며

이 책 역시 프로토 승부식을 중점으로하여
진행 됩니다.

주식 vs 토토

주식은 별로

"야! 듣고 있어? 회의 자료를 이따위로 준비하고 커피가 목구멍에 넘어가냐고!"

의자에 앉은 채 바락바락 악을 쓰고 있는 부장을 호찬은 바라보았다.

부장의 휑한 머리를 내려 보면서 그저 이 시간이 빨리 지나가기를 바랄 뿐이었다.

그 시선을 느낀 부장의 얼굴빛이 붉어졌다.

"야, 이 새끼야!"

부장의 욕설과 함께 서류가 날아왔다.

툭.

"죄송합니다."

호찬은 그저 고개를 숙일 뿐이다. 자신에게 명중한 서류가 바닥에 흩뿌려진 것을 보고도 무덤덤하게 넘겼다.

"어휴……. 일은 더럽게 못 하면서 월급만 꼬박꼬박 받아 가려고 하니까 일이 안 늘지. 쯧쯧. 요즘 젊은 놈들은……."

"……. 죄송합니다."

부장은 결국 가라고 손짓했다. 호찬은 흩어진 서류를 챙겨 회의실에서 나왔다.

멘탈이 깨질만한 상황이었지만 호찬의 표정은 한없이 평온했다. 이런 일은 최근 겪은 일들과 비교하면 별일 아니라고 흘려넘길 수 있다.

우웅.

핸드폰의 진동에 문자를 확인한 호찬의 평정심에 작은 떨림이 생겼다.

[김호찬 고객님. 금일 이자 납부 미납으로 문자 보냅니다. 확인 후 입금 부탁드립니다.]

아버지가 남긴 거액의 빚. 대리 월급으로 갚기 빠듯한 대출 이자라는 망치는 그의 멘탈을 깨트리고 있었다.

"아이고. 김대리, 괜찮냐?"

동료 하나가 그의 주변으로 붙으며 묻는다.

"뭐, 괜찮지. 하루 이틀도 아니고."

"하……. 뭐 같아도 어쩌겠냐. 우리 같은 월급쟁이 노예는 먹고살려면 참아야지. 난 우리 아기 기저귀 값 생각해서 참는다. 로또라도 당첨되면 좋은데."

"꿈같은 일이다."

호찬은 허탈한 웃음을 지었다.

"아니면 주식은 어때? 로또가 운이라면 주식은 분석하면 괜찮지 않을까?"

"글쎄. 저번에 박과장 돈 다 잃고 죽니 마니 했던 거 생각하면 별로……."

호찬은 서류를 집어 던지며 악에 받쳐 소리치던 박과장의 모습을 떠올리곤 몸서리를 떨었다.

"그럼 토토는 어때? 오늘 토트넘승, 맨유승에 5만원 넣으면 100% 딴다!"

"토토라……."

많은 사람들이 궁금해 하는 의문

"투자(재테크)하기에
주식이 괜찮나요? 스포츠토토가 괜찮나요?"

"글쎄..나도 잘은 몰라서.."

모르시면 안됩니다.
여러분의 소중한 투자 자산이니까요.

주식 vs 스포츠토토

토토가 주식보다 나은 결정적 5가지 이유!
지금 바로 알려드립니다.

첫째, 접근성이 용이하다!

- ✔ 출근길, 퇴근길 편의점에서 구매
- ✔ 컴퓨터 앞에 앉아서 1분
- ✔ 은행에 들를 필요 없이
- ✔ 계좌 개설 필요 없이
- ✔ 큰 돈 필요 없이
- ✔ 누구나 쉽게 구매 가능!

둘째, 투자 기간이 짧다!

주식, 장기 투자 1년?

기간이라 하기도 뭣하다
2시간이면 끝나는 투자 시간!

축구 경기 전·후반 합쳐도 90분!

셋째, **소액으로 고수익 가능!**

원금 **'100원'** 만 있어도
하룻밤 사이에 '수백만원' 으로
불릴 수가 있다!

넷째, **보다 쉽게 분석 가능!**

주식, 펀드, 부동산 등의
전문적인 용어나
깊이 파고들 필요 없이

스포츠 뉴스만 잘 챙겨 보더라도
분석이 가능한 **스포츠토토**

조금 더 공부하고 노력하면 나도 전문가!

다섯째, **쉽고 재미있다!**

결국은 **승** 아니면 **무** 혹은 **패** 33%의 확률!
경기를 보면서 즐기고, 수익도 올릴 수 있는

일석이조 (一石二鳥)

이제 아시겠죠? 주식보다 나은 이유를!

그러나 단점 역시 존재합니다.

틀리게 되면 바로 잃게 되는
원금손실의 위험이죠.

하지만 스포츠토토는
회차당 구매 가능 금액의 제한선을 두기 때문에
손실이 나더라도 주식보다 위험 부담이 적습니다.

토토는 로또와 마찬가지로
복권기금법에 따라 카드결제가 되지 않습니다.
항상 **여유분의 현금**을 들고 다니도록 합시다.

공은 둥글기에 분석한다고
항상 정답을 알려 주는 것은 아닙니다.
하지만 분석을 깊게, 많이 할수록 **위험을 줄여주며**
적중 확률 역시 올라갑니다.

03 토토 구매 방법

토토

퇴근 후.

호찬은 편의점에서 구매한 맥주 4캔을 냉장고에 넣었다.

이자와 원금 일부를 갚느라 주머니 사정이 빠듯했지만, 납부일이면 맥주를 마시는 것이 습관으로 굳어졌다. 여기에 스포츠 경기를 보는 것이 한순간 모든 것을 잊고 집중할 수 있는 순간이었다.

간단히 씻고 나온 호찬은 잽싸게 컴퓨터 앞에 앉아 스포츠 중계를 틀었다.

'안 늦었네.'

축구 경기는 이제 막 시작하는 중이었다.

탁.

호찬은 냉장고에서 꺼낸 맥주를 뜯으며 화면에 비친 선수를 부러운 눈빛으로 바라보았다.

'오늘도 손승민 선수가 골을 넣을까?'

손승민. EPL에서 뛰고 있는 한국 선수로 어린 나이지만 최고의 폼으로 3경기 연속골을 넣는 뛰어난 경기력을 보이는 선수였다. 최근 경기력에 걸맞게 팀 내 최고 수준의 주급으로 재계약을 한다는 뉴스도 보도될 정도니…….

부러웠다. 저 선수의 주급이면 자신의 어깨를 짓누른 빚도 바로 해결이 될 텐데…….

홀짝이던 맥주를 어느새 3캔이나 비운 호찬이 보던 경기는 후반 30분이 넘었지만, 경기는 0대0으로 팽팽했다.

압박에 못 이긴 상대 팀 미드필더의 백패스를 수비수가 실수로 놓쳐버린 상황이 나온 순간 그 기회를 노린 선수가 있었다.

쏜살같이 공을 낚아챈 손승민의 질주 끝에 이어진 슛이 골망을 흔들었다.

—와아아아!!

—골! 골이에요! 손승민 선수 4경기 연속골! 후반 38분 만에 천금 같은 골이 터집니다!

해설자의 흥분한 목소리에 맞춰 클로즈업되는 손승민의 세리머니.

경기는 손승민의 결승골로 1대0으로 끝났다.

호찬은 맥주캔을 치우며 직장 동료의 말을 떠올렸다.

—그럼 토토는 어때? 오늘 토트넘 승, 맨유 승에 5만원 넣으면 100% 딴다!

가슴을 탕탕 치며 자신감 넘치는 목소리로 말하던 동료의 모습을 떠올리자 피식 웃음이 나왔다.

'맨유 경기만 이기면 적중인가. 그럼 얼마나 따는 거지?'

갑자기 궁금증이 생긴 호찬은 베트맨 홈페이지에 접속해 배당을 확인했다.

2경기만 해도 4배가 넘게 책정된 배당.

'와! 한순간에 20만원인 거야? 베팅금 5만원을 빼도 15만원이 넘네.'

스포츠토토를 시작하려는데
어떻게 구매하는지 모르시겠다고요?

스포츠토토는 크게 **온라인**과 **오프라인**
두 가지 방법으로 구매 할 수가 있습니다.

각각 장·단점을 비교해볼까요?

내 통장으로 당첨금이 안전 입금
편하고 정확한 환급이 좋으신 분!

복권방까지 가서 구매하기 귀찮은 분!

집에서 편히 분석하는 것을 원하는 분!

주변의 시선이 부담스러운 분!

이런 분들에게 강력 추천합니다!

온라인으로 스포츠토토 구매하기!

체육진흥투표권
합법 발매 인터넷 사이트는

Betman(베트맨) 이 유일하며
그 외 모든 사이트는 불법사이트 입니다.

스포츠토토 구매 방법 (온라인)

1. **WWW.BETMAN.CO.KR** (베트맨) 홈페이지에 접속하여 **'게임구매'** → **'구매가능게임'** → **'프로토승부식'** → **'구매하기'** 버튼을 클릭한다.

2. 경기 번호, 마감 일시, 대회 명, 유형, 홈·원정 유무 를 확인하고 배당률 체크 후 승·무·패 중 하나를 선택한다.

3. 원하는 베팅 금액을 입력하고 예상 적중 배당률과 예상 적중금을 확인 후 이상 없다면 **'바로구매'** 를 클릭!

어렵게 생각하지 마세요~
누구나 쉽게 할 수 있습니다!

참, 온라인으로 구매하려면
그 전에 회원가입과
예치금부터 충전해야 하는 것 아시죠?

또한, 온라인 구매 가능 금액은
최대 **50,000원** 입니다.

※구매한도금액은 **'베트맨 운영정책'**에 따라 변경 될 수 있습니다.

"인터넷 사용이 서툴러서
온라인 구매가 너무 힘들고 어려워요.."

그대여~ 걱정하지 말아요~

우리에겐 '**오프라인**' 이 있잖아요.

이런 분들에게 강력 추천합니다!

인터넷(컴퓨터) 사용이 서투신 분!

온라인 구매 한도로는 모자르다!
더 많은 금액의 베팅을 원하시는 분!

충동구매를 막고 싶으신 분!

실물티켓(종이)의 손맛을 보고싶으신 분!

매장에서 양질의 경기 정보를
얻고 싶으신 분!

빠른 환급으로 현금을 바로 손에
쥐고 싶으신 분!

오프라인으로 스포츠토토 구매하기

여기에서 말하는 오프라인이란

스포츠토토를 취급하는
복권방·토토방·편의점 등
스포츠토토 판매처를 뜻합니다.

※실제 스포츠토토(프로토 승부식) 슬립 용지입니다.

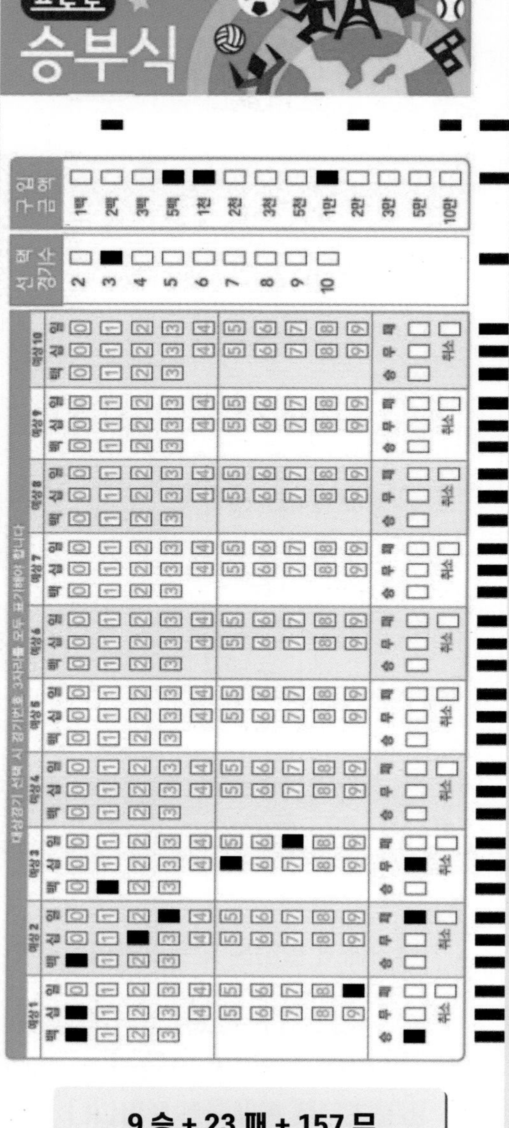

9 승 + 23 패 + 157 무
3경기 11,500원 구매

스포츠토토 구매 방법 (오프라인)

1 스포츠토토 판매처로 이동하여
직원분에게 프로토 승부식 게임 일정표를
뽑아달라 요청한다 → 게임 일정표를 보며
슬립 용지에 연필, 사인펜 등으로 마킹한다.
(빨간펜 사용 X)

2 경기 번호는 무조건 **3자리**로 마킹하며,
모든 경기는 **홈 팀 기준으로 승·무·패**를
선택한다. (중복 X)
최소 2경기~최대 10경기까지 선택이 가능하다.
▶경기번호 23 리버풀 vs 토트넘
Q. 위 경기에서 토트넘의 승리를 예상한다면?
A. 023 (리버풀) / 패 를 마킹한다.

3 선택한 경기수 만큼 '**선택 경기수 항목**'에
마킹 후 → 원하는 구입 금액만큼
'**구입금액 항목**' 에 마킹한다. (중복 O)
예) 11,500원 구입 시 1만 / 1천 / 5백 → 총 3곳 마킹

4 직원에게 번호를 기입한 슬립 용지를 건네고
프로토 구매 확정 종이 (구입 티켓)를 받는다.

(왼쪽 페이지 이미지를 참고하세요)

Check Point!

경기별 **마감 10분 전까지** 구매 가능합니다.
(온·오프라인 공통)

오프라인 구매 가능 금액은
최대 100,000원 입니다.

※오프라인 구매 역시 온라인과 마찬가지로
체육진흥투표권 약관 제 11조에 의거하여
오류투표권을 제외하고는 **취소(환불)가 불가능**합니다.

토토를 해볼까?

"나가!"

호통치는 부장에게 호찬은 고개를 꾸벅 숙였다.

빚의 존재를 몰랐을 때, 사채업자가 회사까지 찾아와 돈 갚으라며 난리를 피웠었다. 그때부터였다. 개인적인 일로 회사 분위기를 망쳤다며 사소한 일로 트집을 잡기 시작한 것이.

"하……."

호찬은 욕지거리가 치밀어 올랐지만 대신 한숨을 내뱉었다.

"부장님은 오늘도 여전하시네. 저 성격 언제까지 가려나."

"아, 장대리."

호찬의 처진 어깨를 두드리며 토토를 권했던 장대리가 다가왔다. 장대리는 손에 들고 있던 커피 하나를 호찬에게 건네주었다.

"저러다 말겠지."

"매일 저렇게 화를 내니까 머리까지 열이 올라 휑하잖아. 저번엔 인턴도 쥐잡듯이 잡더라. 성질머리하고는……."

"괜찮아. 욕 안 해줘도."

"야. 너도 속에 화가 있으면 토해내야 해. 속에 다 담고 있으면 병난다. 그 일 전에는 부장님이 너를 보면 자신이 젊었을 적 생각난다고 아꼈잖아."

호찬은 자신을 대신해서 화낸다는 걸 알 수 있었다. 하지만 이 대화를 더 하고 싶지 않았다.

"어제 토트넘 경기는 봤어?"

"당연히 봤지. 요즘 손승민 때문에 축구 볼 맛이 난다니까."

장대리는 슛동작을 하면서 말을 이었다.

"어제는 맨유까지 이겨서 돈도 벌고 아주 행복하다. 김대리도 여유 있으면 토토 해봐. 내가 픽 줄게."

"그래, 아무튼, 축하한다."

호찬의 말에 장대리는 주머니에서 지갑을 꺼내 현금을 보였다. 카드만 넣고 다녀 얇았던 지갑이 오늘은 유달리 지폐가 많다.

"벌써 이렇게 환급도 받았고, 내일 주말이니 오늘 소주에 삼겹살 어때? 내가 쏜다!"

"그래, 술을 얻어먹을 수 있는데 안 가면 예의가 아니지."

"일 안 하고 뭐 하고 있어!"

부장의 호통에 장대리는 술 마시는 동작을 취하며 자신의 자리로 향했다.

언제부터였는지 모르지만, 매일 자신의 자리에 놓여있는 막대사탕을 집어 입에 넣었다. 달콤한 향이 입안에 맴도는 것을 느끼며 호찬은 고뇌에 빠졌다.

'토토라…….'

토토를 모르는 건 아니다. 재미로 몇 번 해본 경험이 있었다.

빚이 걱정되긴 하지만 원금은 처음에 비하면 많이 갚았고 무엇보다 장대리가 쉽게 돈을 버는 것이 부러웠다.

'스포츠도 좋아하고 로또랑 다르게 잘 분석해서 베팅하면 괜찮지 않을까.'

프로토 승부식 기본 정보

프로토 승부식은
대상 경기 시작 1~7일 전부터 발매를 개시하며
대상 경기별 시작 10분 전까지
구매가 가능합니다!

구매 가능 시간은 **08:00 ~ 21:50** 이며
그 외 시간(한국시간 기준 새벽경기)의 경기는
전일 21:50 까지 구매를 마감하여야 합니다.

프로토는
회차당 **최대 650개의 경기**로
구성되어 있습니다.

100원 단위로 구매가 가능하며
최대 10만원까지 구매가 가능합니다.

프로토 승부식은
회차당 최대 650개의 대상 경기 중에서

선택한 대상 경기(최소 1경기~최대 10경기)의
예상 결과를 맞히는 게임입니다.

※**대상경기확인**은 betman 홈페이지 또는 오프라인에서
프로토승부식 대상경기표를 통해 확인할 수 있습니다.

프로토 승부식 게임의 유형에는 크게 **3가지**가 있습니다.

일 반	네덜란드 VS 폴란드	승1.36	무4.10	패5.90

첫번째, 일 반

홈팀의 승/무/패 결과를 예상하여
맞히는 방식입니다.

*프로토는 항상 **앞 쪽에 오는 팀**이 홈팀 입니다.

핸디캡	네덜란드 (H-1.0) VS 폴란드	승2.22	무3.45	패2.45

두번째, 핸디캡

사전에 주어진 조건(핸디캡)을 반영한
홈팀의 승/무/패 결과를 예상하여 맞히는 방식입니다.

*홈팀 (H-1.0) 이 주어졌을 시, **1:1로 경기가 끝났을 경우**
일반 유형에서는 무승부지만 핸디캡 적용 시
홈팀의 패배로 결과가 적용됩니다. (▷핸디캡 적용 시 0:1 이 되므로)

*승무패 모두에 적용이 되어 **1:0으로 홈팀이 승리**하더라도
핸디캡 유형에서는 **무승부**로 적용됩니다. (▷핸디캡 적용 시 0:0)

언더오버	네덜란드 (U/O 2.5) VS 폴란드	U2.00	-	O1.54

세번째, 언더오버

양 팀의 득점 총 합이 제시된 기준보다
작은 값인지(언더) 큰 값인지(오버)를 예상하여
맞히는 방식입니다.

예) 기준값이 **2.5** 일 경우, 양 팀 **1:1**로 끝이 났다면 **언더**로
2:1, 1:2, 2:2 등 **기준값 2.5 를 넘는** 모든 경우에는 **오버**로
결과가 적용됩니다.

오프라인(종이) 구매 시

언더는 **승리**에 체크하고,
오버는 **패배**에 체크합니다.

! 주의사항

같은 경기의 일반/핸디캡/언더오버 **유형 조합 구매는 불가능**합니다.

1. 네덜란드 승 + 네덜란드 핸디캡 승 = 불가능(X)
2. 네덜란드 승 + 네덜란드 언더 = 불가능(X)
3. 네덜란드 핸디캡 승 + 다른 경기 핸디캡 승 = 가능(O)
4. 네덜란드 핸디캡 승 + 다른 경기 언더 = 가능(O)

경기 결과 결정 기준

축구

- 경기 시작~후반 종료 시
- 연장전·승부차기 제외
- 정규시간 기준

야구 농구 배구

- 경기 시작~최종 경기 종료 시
- 연장전 결과 포함

선택한 대상 경기의
경기 **결과를 맞힌 것**을 적중으로 간주하며

적중금은 **적중배당률**과 **구입금액**을
곱하여 계산합니다.

적중배당률은
선택한 대상 경기들의 **배당률을 곱한 숫자**이며
소수점 **셋째 자리 절사 후 둘째 자리에서 절상**됩니다.

예를 들어 2경기 선택 배당이 **2.518**이면
소수점 셋째 자리 절사 후 둘째 자리 절상하여
2.6 배당으로 결정됩니다.

많은 경기를 선택할수록
당첨 금액은 높아지게 됩니다.

하지만
그만큼 적중 확률은 떨어진다는 사실!
잊지마세요!

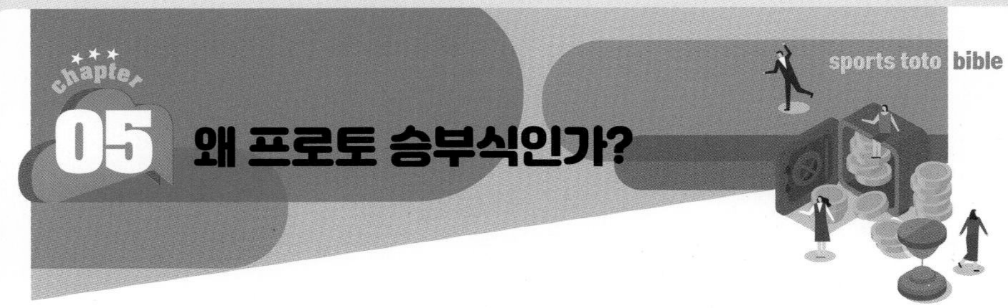

05 왜 프로토 승부식인가?

여동생

경기결과를 확인하는 호찬의 얼굴은 은은한 미소를 머금었다.

'질까 봐 심장 쫄깃했는데 다행이다.'

호찬은 강팀이 이기는 경우로 여러 경기를 조합하여 배당을 높였다. 이유는 명확하다.

강팀을 믿었다. 경기에서 대부분 이기기에 강팀이라 칭한다. 그렇기에 책정되는 배당이 낮아 베팅하는 경기의 수를 늘렸다.

축구 경기를 이렇게 긴장하며 본 것은 처음이었다.

베팅한 팀의 공격수가 골 기회를 놓칠 때도, 골키퍼가 막을 수 없으리라 생각했던 슛을 선방할 때마다 탄성을 내질렀다.

"오빠, 기분 좋은 일 있어?"

호찬의 여동생, 지온이 다가왔다.

"아니, 별일 없어. 할 말 있어?"

무언가 할 말이 있는지 입술을 달싹이는 동생을 보며 호찬이 물었다.

"오빠, 나 주말에 알바해도 돼?"

은은한 미소를 머금고 있던 호찬의 미간이 좁혀졌다.

전에도 이런 일이 있었다. 빚의 존재를 알게 되고 자신도 일하겠다는 지온의 말에 호찬은 강력히 반대했었다.

"말했잖아. 넌 걱정하지 말고 공부만 해. 공부도 잘하니까 대학 가야지."

"오빠……."

"빚도 이제 다 갚았어. 돈이 필요하면 줄게. 어떻게 해서라도 대학교 보내줄 테니까 공부 잘해서 좋은데 취직하고 배로 갚아."

호찬의 단호한 표정에 지온은 반박하지 못했다.

하나밖에 없는 가족이라며 애지중지 챙겨주지만, 이 일에서는 절대로 양보하지 않는 호찬이었다.

호찬이 지갑에서 돈을 꺼내 지온에게 건넸다.

"친구들 만나서 맛있는 거 먹고 와."

"안 줘도……."

"받아."

강제로 손에 쥐여 준 호찬의 굳은 얼굴에 지온은 거절할 수 없었다.

빚을 갚기 이전과 비교하면 그늘진 얼굴을 보니 안쓰러운 마음이 들었다.

"감동했어? 아니면 내 얼굴에 뭐 묻었어? 잘생김?"

"뭐래. 그래도 수능 끝나면 나 알바 무조건 할 거야."

동생의 안쓰러운 눈빛을 느낀 호찬은 실없는 농담을 건넸다.

자신의 부담을 덜어주고자 하는 동생의 마음을 느낀 호찬은 다시 다짐했다.

어떻게든 돈을 벌겠다고.

"스포츠토토를 구매하려고 토토방에 갔는데
프로토 승부식 말고도 다른 종류의 게임이 많았습니다.
많고 많은 스포츠토토 게임 중에서
굳이 프로토 승부식을 하는 이유는 무엇인가요?"

스포츠토토를 구입하기위해
한 번이라도 **베트맨 홈페이지**나
토토방에 가 보셨다면

이런 의문을 충분히 가지실 수 있습니다.

왜냐? 프로토 승부식 외에도
다양한 종류의 게임이 있기 때문이죠.

스포츠토토에는
프로토 승부식 외에도

프로토 기록식 / 축구토토 승무패 / 야구토토 승1패
농구토토 승5패 / 스페셜(+) / 매치 등

다양한 게임이 존재합니다.

그럼에도 많은 사람들이 여러 종류의 게임 중
굳이 프로토 승부식을 하는 이유가 무엇일까요?

프로토 승부식을 하는 이유!

1. 토토와는 다르게 정해진 경기가 아니라 **자신 있는 경기만 선택**이 가능하다.

2. 농구 1·2 쿼터 점수 합계 맞추기 골프선수 5명 최종 성적 맞추기 등 복잡하고 어려운 것이 아니라 선택한 경기의 승·패만 맞추면 되기에 **쉽고 단순**하다. (축구는 무승부까지)

3. 경기 정보나 **데이터가 많고 찾기 쉬우며** 승패만 맞추면 되기에 **분석이 용이하다.**

4. 실시간으로 경기를 지켜볼 수 있으며 결과가 바로 나오기에 **재미있다.**

5. 초보자도 쉽게 **적중에 성공**할 수 있다.

프로토 승부식을 하는 이유, *이제 아시겠죠?*

토토방

퇴근 후 귀갓길, 호찬은 토토방을 발견했다.

"이런 곳이 있었구나."

그동안 수없이 오고 갔던 길이었지만 관심이 없어 스쳐 지나갔던 토토방이었다. 호찬은 마침 베팅도 할 겸 안으로 들어갔다.

"어서 오세요."

푸근한 인상의 중년 남성이 호찬을 반갑게 맞이했다.

"자리에 앉아 컴퓨터로 정보 분석한 후에 용지에 베팅하면 되네. 여기 배당표하고 우리 매장에서 제공하는 참고자료네."

호찬은 자리에 앉아 참고자료를 훑어보았다.

경기별로 간단한 분석과 함께 승부 예측이 되어있는 자료를 읽고 있던 호찬에게 점장이 다가왔다.

"커피 마시겠는가?"

"아, 고맙습니다."

호찬은 점장이 건네준 커피 한 캔을 받았다. 따스한 커피의 온기가 느껴졌다.

호찬은 필요 이상으로 아는 체하는 점장이 불편할 만도 했지만, 점장 특유의 푸근한 인상과 얼굴에 머금은 미소가 마음을 편안하게 만들었다.

"토토는 언제부터 시작한 건가?"

"얼마 안 됐어요."

"많이 적중했나 보네. 목소리에 자신감이 넘치는 것을 보니."

자신감! 한동안 잃었던 그것이 넘쳐 보인다니. 빈말이어도 기분 좋아지는 말이다.

"고맙습니다. 정말 고맙습니다."

호찬의 떨리는 목소리에 점장은 눈앞에 있는 청년에게 사연이 있음을 짐작했다.

평소에 찾아오는 손님에게 관심과 온정을 베푸는 성격인 점장이 입을 열었다.

"곧 마치는데 술 한잔하지 않겠나? 내가 사겠네."

"네? 술이요?"

호찬은 갑자기 술자리를 권하는 점장의 말에 되물었다.

"어차피 마실 술, 토토를 좋아하는 청년하고 마시면 좋을 것 같아서. 뭐, 마시다 보면 좋은 소스도 가르쳐 줄 수 있고."

"좋은 소스요?"

호찬은 생판 모르는 사람의 권유가 걸리지만, 좋은 소스라는 말에 귀가 솔깃했다.

"좋죠. 공짜술 마다하는 사람이 있겠습니까."

"거절하지 않아서 고맙네. 오늘은 이렇게 베팅해보는 것이 어떤가?"

호찬은 점장이 권한 경기를 확인했다.

강팀으로 여러 경기를 조합했던 자신의 방식과 다르다. 2배가 넘는 배당이 책정된 경기로 조합된 높은 배당이었다.

'이게 과연 적중할 수 있는 베팅인가?'

"본격적으로 시작해보려고 하는데
숫자가 너무 많습니다..."

"저는 숫자에 너무 약한데, 어떡하죠?"

"전혀, 걱정하실 필요가 없습니다!"

홈팀 vs 원정팀	배당률		
밀워벅스 vs 올랜매직	승1.25	-	패5.00
휴스로케 vs 오클썬더	승1.48	-	패2.11
LA레이커 vs 포틀트레	승1.72	-	패1.72
시카화이 vs 피츠파이	승1.02	-	패5.92

온라인 베트맨이나, 토토방에 가보면

위 참고 자료와 같이 팀 명 외에
승 1.25 / 패 5.00 같이

승·무·패 옆에 다양한 숫자가 적혀있는 것을
확인할 수 있습니다.

우리는 그것을 '**배당** 혹은 **배당률**' 이라고 하며

☞ 승리 1.25 / 패배 5.00 을 기준으로 할 시

승리에 돈을 걸게 되면 베팅 금액의 **1.25배 만큼**
적중금을 지급받게 되고
패에 걸게 되면 베팅 금액의 **5.00배 만큼**
적중금을 지급받게 된다는 뜻입니다.

(승에 1만원을 베팅하여 적중하면 12,500원 /
패에 1만원을 베팅하여 적중하면 50,000원을 받게 되는 형태입니다.)

일반적으로 낮은 배당(승리 1.25)을
'정배당' 이라고 하며
높은 배당(패배 5.00)을 **'역배당'** 이라고 합니다.

그렇다면

배당이란 어떻게 정해지는 것일까요?

지금부터!
어려운 **용어** 없이!
누구나 **이해**할 수 있게!
아주 **간단**하게!

배당에 대해 설명 해 드리겠습니다!

자, 지금부터 저와 **동전 던지기 내기**를 하여

앞면이 나올 지, 뒷면이 나올 지 맞춘다면
제가 **배당만큼 돈을 지급**해 드리는
게임을 한다고 가정합시다.

저는 베팅회사(스포츠토토) 이며
당신은 베터(구매자) 입니다.

동전 던지기니까
앞면 아니면 뒷면이니
적중 확률은 **50%** 겠죠?

그렇다면 배당은 2.00 이 나오게 됩니다.
(앞면 2.00 뒷면 2.00)

왜냐? 기대 확률이 50% 이기 때문입니다.

무슨 말인지 이해가 잘 안되신다고요?
삐빅! 정상입니다!

그럼 이제
실제 동전 던지기 게임을 진행해보면서
차근차근 설명해드리겠습니다!

한 번 게임을 진행하는데는
1만원(구매금액)이 필요합니다.

당신은 총 **10게임**을 하였고,
'10게임 **모두 동전의 앞면**이 나온다 ' 에 걸었습니다.
구매 금액은 총 1만원x10회 = 10만원이 나왔습니다.

과연, 몇 판이나 맞췄으며
얼마의 적중금액을 가져가게 되었을까요?

당신은 **총 5판**을 맞춰
적중금 10만원을 지급 받았습니다.

앞면 아니면 뒷면인 **50% 확률의 게임**이기에
10번 중 5번 맞는게 평균이기 때문입니다.
물론, 운이 좋게 앞면만 7번(70%)이 나올 수도 있고
재수없게 앞면이 3번(30%)밖에 안 나올 수도 있습니다.

하지만 100번, 1000번, 무한하게 **반복하게 된다면**
결국 **앞면이 나올 확률은 50%**에 수렴하게 됩니다.

그렇기에 **적중확률 50%**인 게임은
배당이 2.00이 되는 것입니다.

만약 **확률이 50%**인 게임인데 **배당이 1.2**라면
당신은 게임을 할 것인가요?
구매 금액이 총 10만원인데 비해 운이 좋아
무려 10번 중 7번을 맞추더라도
84,000원밖에 받지 못합니다.

이 경우, **하면 할수록 손해**입니다.
그 누구도 베팅을 하지 않을 것입니다.

스포츠토토 배당 역시 이와 **같은 원리**입니다.

베팅 회사의 배당률 책정가(오즈메이커)들이
수많은 데이터, 확률, 통계, 분석 등을 토대로
스포츠 경기의 승·무·패 각각의 확률에 따라
숫자로 책정을 해둔 것이 바로 '**배당**' 입니다.

야구 경기를 예로 들면

수많은 데이터를 토대로
이길 확률이 50% 로 분석될 시
배당은 승 2.00 패 2.00이
된다는 말입니다.

축구 경기를 예로 들면

배당이
승2.00 / 무2.5 / 패10.00

확률로 따지자면
승50% / 무40% / 패10%

그렇기에
승·무·패 각각의 확률을 다 합치게 되면
100%가 되어야 정상입니다.

하지만 애석하게도
베팅 업체는 자선사업가가 아닙니다.

만약 50%의 확률에 배당 2.00을 주게 되면
베팅회사는 남는 것이 없게 되고
존재할 수가 없습니다.
고객들이 돈을 잃지 않아, **수익이 없기 때문**입니다.

그렇기에 **14%만큼 수수료를 넣어**
배당을 책정합니다.

즉, 스포츠토토의 환급률은 100%가 아닌
수수료를 제외한 86% 입니다.

50% 확률의 게임이 있다면
승2.00 패2.00 의 배당이 나와야 정상이지만
▼
14%의 수수료를 제외하여
▼
승1.72 패1.72로 배당을 책정합니다.

10,000원을 베팅하는 순간
이미 1,400원만큼 손해를 보고 있는 것입니다.

환급률은
86%로 항상 고정 되어있는 것이 아니라
보통 83~89% 사이로 형성되며
판매량 및 고객환급률에 따라
수시로 변경됩니다.

배당별 확률 표

(환급률 86% 기준)

1.01	85.15%	1.31	65.65%	1.61	53.42%	1.91	45.03%	2.21	38.91%
1.02	84.31%	1.32	65.15%	1.62	53.09%	1.92	44.79%	2.22	38.74%
1.03	83.50%	1.33	64.66%	1.63	52.76%	1.93	44.56%	2.23	38.57%
1.04	82.69%	1.34	64.18%	1.64	52.44%	1.94	44.33%	2.24	38.39%
1.05	81.90%	1.35	63.70%	1.65	52.12%	1.95	44.10%	2.25	38.22%
1.06	81.13%	1.36	63.24%	1.66	51.81%	1.96	43.88%	2.26	38.05%
1.07	80.37%	1.37	62.77%	1.67	51.50%	1.97	43.65%	2.27	37.89%
1.08	79.63%	1.38	62.32%	1.68	51.19%	1.98	43.43%	2.28	37.72%
1.09	78.90%	1.39	61.87%	1.69	50.89%	1.99	43.22%	2.29	37.55%
1.10	78.18%	1.40	61.43%	1.70	50.59%	2.00	43%	2.30	37.39%
1.11	77.48%	1.41	60.99%	1.71	50.29%	2.01	42.79%	2.31	37.23%
1.12	76.79%	1.42	60.56%	1.72	50%	2.02	42.57%	2.32	37.07%
1.13	76.11%	1.43	60.14%	1.73	49.17%	2.03	42.36%	2.33	36.91%
1.14	75.44%	1.44	59.72%	1.74	49.43%	2.04	42.16%	2.34	36.75%
1.15	74.78%	1.45	59.31%	1.75	49.14%	2.05	41.95%	2.35	36.60%
1.16	74.14%	1.46	58.90%	1.76	48.86%	2.06	41.75%	2.36	36.44%
1.17	73.50%	1.47	58.50%	1.77	48.59%	2.07	41.55%	2.37	36.29%
1.18	72.88%	1.48	58.11%	1.78	48.31%	2.08	41.35%	2.38	36.13%
1.19	72.27%	1.49	57.72%	1.79	48.04%	2.09	41.15%	2.39	35.98%
1.20	71.67%	1.50	57.33%	1.80	47.78%	2.10	40.95%	2.40	35.83%
1.21	71.07%	1.51	56.95%	1.81	47.51%	2.11	40.76%	2.41	35.68%
1.22	70.49%	1.52	56.58%	1.82	47.25%	2.12	40.57%	2.42	35.54%
1.23	69.92%	1.53	56.21%	1.83	46.99%	2.13	40.38%	2.43	35.39%
1.24	69.35%	1.54	55.84%	1.84	46.74%	2.14	40.19%	2.44	35.25%
1.25	68.80%	1.55	55.48%	1.85	46.49%	2.15	40%	2.45	35.10%
1.26	68.25%	1.56	55.13%	1.86	46.24%	2.16	39.81%	2.46	34.96%
1.27	67.72%	1.57	54.78%	1.87	45.99%	2.17	39.63%	2.47	34.82%
1.28	67.19%	1.58	54.43%	1.88	45.74%	2.18	39.45%	2.48	34.68%
1.29	66.67%	1.59	54.09%	1.89	45.50%	2.19	39.27%	2.49	34.54%
1.30	66.15%	1.60	53.75%	1.90	45.26%	2.20	39.09%	2.50	34.40%

간단하게 확률 계산 하는 방법

(현재환급률) ÷ (배당) = (확률)

86 ÷ 1.72 = 50

2.51	34.26%	2.81	30.60%	3.10	27.74%	6.10	14.10%	9.1	9.45%
2.52	34.13%	2.82	30.50%	3.20	26.88%	6.20	13.87%	9.2	9.34%
2.53	33.99%	2.83	30.39%	3.30	26.06%	6.30	13.65%	9.3	9.24%
2.54	33.86%	2.84	30.28%	3.40	25.29%	6.40	13.44%	9.4	9.14%
2.55	33.73%	2.85	30.18%	3.50	24.57%	6.50	13.23%	9.5	9.05%
2.56	33.59%	2.86	30.07%	3.60	23.89%	6.60	13.03%	9.6	8.95%
2.57	33.46%	2.87	29.97%	3.70	23.24%	6.70	12.84%	9.7	8.86%
2.58	33.33%	2.88	29.86%	3.80	22.63%	6.80	12.65%	9.8	8.77%
2.59	33.20%	2.89	29.76%	3.90	22.05%	6.90	12.46%	9.9	8.68%
2.60	33.08%	2.90	29.66%	4.00	21.50%	7.00	12.29%	10	8.60%
2.61	32.95%	2.91	29.55%	4.10	20.98%	7.10	12.11%	10.1	8.51%
2.62	32.82%	2.92	29.45%	4.20	20.48%	7.20	11.94%	10.2	8.43%
2.63	32.70%	2.93	29.35%	4.30	20%	7.30	11.78%	10.3	8.34%
2.64	32.58%	2.94	29.25%	4.40	19.55%	7.40	11.62%	10.4	8.26%
2.65	32.45%	2.95	29.15%	4.50	19.11%	7.50	11.47%	10.5	8.19%
2.66	32.33%	2.96	29.05%	4.60	18.70%	7.60	11.32%	10.6	8.11%
2.67	32.21%	2.97	28.96%	4.70	18.30%	7.70	11.17%	10.7	8.03%
2.68	32.09%	2.98	28.86%	4.80	17.92%	7.80	11.03%	10.8	7.96%
2.69	31.97%	2.99	28.76%	4.90	17.55%	7.90	10.89%	10.9	7.88%
2.70	31.85%	3.00	28.67%	5.00	17.20%	8.00	10.75%	11	7.81%
2.71	31.73%	3.01	28.57%	5.10	16.86%	8.10	10.62%	11.1	7.74%
2.72	31.62%	3.02	28.48%	5.20	16.54%	8.20	10.49%	11.2	7.67%
2.73	31.50%	3.03	28.38%	5.30	16.23%	8.30	10.36%	11.3	7.61%
2.74	31.39%	3.04	28.29%	5.40	15.93%	8.40	10.24%	11.4	7.54%
2.75	31.27%	3.05	28.20%	5.50	15.64%	8.50	10.12%	11.5	7.47%
2.76	31.16%	3.06	28.10%	5.60	15.36%	8.60	10%	11.6	7.41%
2.77	31.05%	3.07	28.01%	5.70	15.09%	8.70	9.89%	11.7	7.35%
2.78	30.94%	3.08	27.92%	5.80	14.83%	8.80	9.77%	11.8	7.28%
2.79	30.82%	3.09	27.83%	5.90	14.58%	8.90	9.66%	11.9	7.22%
2.80	30.71%	3.10	27.74%	6.00	14.33%	9.00	9.56%	12	7.16%

▸ **배당별 통계**를 내보면 결국 확률에 수렴합니다.

고수의 존재

자리를 옮겨 술집.

통성명하고 술을 한 잔씩 기울이며 토토에 관련된 이야기를 하다 보니 서서히 경계심이 풀어지게 되었다.

시간은 흘러 호찬과 점장은 이미 술이 얼큰하게 취한 상황.

술기운과 함께 푸근한 인상의 점장이 보내는 따스한 온정에 호찬은 자신이 처한 상황을 말하게 되었다. 점장의 위로를 받으며 술잔을 주고받던 호찬이 물었다.

"사장님, 좋은 소스는 뭡니까?"

"큼큼. 자네의 사정을 해결해줄 수 있는 정보라네."

"진짜요?"

호찬이 점장의 빈 술잔에 술을 채웠다.

"토토방을 하면서 많은 손님을 봤지만, 유달리 적중률이 높은 사람이 있다네. 아까 준 조합도 그 사람이 오늘 구매한 그대로라네."

"이게 과연 적중할까요?"

호찬이 의문을 표했다. 호언장담하며 베팅하라던 점장의 말에 반신반의로 베팅했다.

불안감에 베팅 한계 금액인 10만원이 아닌 5만원만 베팅했다.

'그래도 적중만 하면 수익이 크다. 평소에 하던 것보다 경기 수는 적은데 배당은 훨씬 커.'

10배. 단 3경기만으로 만들어진 고배당.

"토토방 점장이 모인 커뮤니티에서 엄청 유명한 사람이라네. 토토방을 운영하면서 그 사람이 구매한 경기를 똑같이 구매하기도 할 정도니까 믿어보게."

"제 사정을 해결해준다는 것은……."

"그 사람이 구매한 조합과 금액을 자네에게 알려주겠네. 그 사람과 똑같이 하여 적중하면 자네의 빚도 해결되지 않겠나?"

호찬은 점장의 눈을 바라보았다.

잔에 담긴 티 없이 맑은 술처럼 자신을 바라보고 있는 점장의 눈빛도 불순한 의도가 보이지 않을 정도로 맑아 보였다.

'그렇다면…….'

점장이 말한 사람의 적중률이 그렇게 높다면 호찬에게 나쁘지 않은 조건이었다.

문제는 적중하지 않을 경우다. 얼굴조차 보지 않은 사람의 베팅을 따라 하다 돈을 잃는다고 생각하면 상상만으로도 속이 쓰렸다.

"사장님, 부탁이 있습니다."

"부탁이라니?"

"옛말에 교자채신(教子採薪)이라는 말이 있습니다."

교자채신(教子採薪). 자식에게 땔나무를 해 오는 법을 가르친다는 고사성어로 흔히 물고기를 주기보다 물고기를 잡는 방법을 가르치라는 뜻이다.

"그 사람과 만날 기회를 만들어주세요. 그 사람의 비법을 배우고 싶습니다."

핸디캡

: 경기 성적에 너무 큰 차이가 생기지 않도록
강팀에게 사전에 불리하게 주어지는 조건

프로토에는
단순하게 경기의 승무패를 맞추는 일반 유형 외에도
핸디캡 유형과 **언더오버 유형**이 존재합니다.

그 중 핸디캡 유형에 대해
먼저 설명 드리도록 하겠습니다.

핸디캡 유형은 주어진 핸디캡 조건을 반영한
승, 무, 패 결과를 맞히는 방식이며
핸디캡 조건은 항상 홈팀을 기준으로 주어집니다.

- 홈팀이 **강팀** 일 경우 **마이너스** 핸디 값
+ 홈팀이 **약팀** 일 경우 **플러스** 핸디 값

일반 경기결과와는 다른, 주어진 조건을 반영한
결과에 대한 승, 무, 패가 핸디캡 유형의 적중결과 입니다.

핸디캡에 대해 정확히 이해하고
핸디캡 유형을 잘 활용하면
적중률을 높이는 것은 물론 색다른 재미를
느낄 수 있습니다.

예외적으로

배구의 경우 전체 점수가 아닌 **홈팀 세트스코어**에
핸디캡이 주어집니다.

핸디캡 유형 종목별 예시

축구 예시

구분	홈팀 vs 원정팀	배당			실제	프로토 결과	
		승	무	패	경기결과	경기결과	적중결과
일반	레알마드 vs 올림피아	1.10	6.40	12.0	1:0	1:0	승
핸디캡	레알마드(H -1) vs 올림피아	1.30	4.75	5.90		0:0	무
	레알마드(H -1.5) vs 올림피아	1.79	-	1.69		-0.5:0	패

* 핸디캡 -1점(H-1) 적용 시
실제 경기결과(1:0)와 핸디캡 경기결과(0:0)가 달라질 수도 있습니다.
핸디캡 경기결과 = 홈팀(1-1) : 원정팀(0) = 0:0

농구 예시

구분	홈팀 vs 원정팀	배당률			실제	프로토 결과	
		승	무	패	경기결과	경기결과	적중결과
일반	서울SK vs 전자랜드	1.88	-	1.62	70:72	70:72	패
핸디캡	서울SK(H +2.5) vs 전자랜드	1.68	-	1.80		72.5:72	승

* 핸디캡 적용 시
실제 경기결과(70:72)와 핸디캡 경기결과(72.5:72)가 달라질 수도 있습니다.
핸디캡 경기결과 = 홈팀(70+2.5) : 원정팀(72) = 72.5:72

배구 예시

구분	홈팀 vs 원정팀	배당률			실제	프로토 결과	
		승	무	패	경기결과	경기결과	적중결과
일반	현대건설 vs 흥국생명	1.19	-	3.24	3:2	3:2	승
핸디캡	현대건설(H -1.5) vs 흥국생명	1.50	-	2.07		1.5:2	패

* 핸디캡 적용 시
실제 경기결과(3:2)와 핸디캡 경기결과(1.5:2)가 달라질 수도 있습니다.
핸디캡 경기결과 = 홈팀(3-1.5) : 원정팀(2) = 1.5:2

야구 예시

구분	홈팀 vs 원정팀	배당률			실제	프로토 결과	
		승	무	패	경기결과	경기결과	적중결과
일반	두산 vs 롯데	1.22	-	3.03	4:3	4:3	승
핸디캡	두산(H -1.5) vs 롯데	1.78	-	1.70		2.5:3	패

* 핸디캡 적용 시
실제 경기결과(4:3)와 핸디캡 경기결과(2.5:3)가 달라질 수도 있습니다.
핸디캡 경기결과 = 홈팀(4-1.5) : 원정팀(3) = 2.5:3

고수와 조우

점장이 알려준 고수의 베팅은 호찬의 걱정을 기우로 만들었다.

적중.

개별 경기마다 2배가 넘어 적중하기 쉽지 않으리라고 생각했기에 고수가 더 대단하게 느껴졌다.

"우리 가게에 자주 오긴 하는데 자신의 비법을 쉽게 가르쳐줄까? 자네라면 가르쳐 주겠는가?"

점장의 말이 옳다. 고수에겐 아무런 이득도 없는 일이다. 하지만 호찬은 완고했다. 어떻게든 가르침을 받아야만 한다.

호찬은 고수를 만나기 위해 며칠째 퇴근 후 토토방에서 죽치고 앉아 고수를 기다리기 시작했다. 그렇게 고수를 만난 것도 벌써 2번.

첫 만남.

인사를 하며 말을 걸어보았지만, 고수는 눈길조차 주지 않았다.

두 번째 만남.

무릎까지 꿇으며 부탁했지만, 고수는 고개를 가로저으며 거절했다.

찬바람 부는 날. 추위에 호찬은 가게 안에서 고수를 기다리고 있었다.

"날씨가 이제 점점 추워지는구먼."

"아, 고맙습니다."

호찬은 점장이 건넨 커피를 받아들었다. 잔 너머로 전해지는 온기가 손을 녹여주었다.

“그냥 포기하고 조합만 따라 하는 건 어떤가?”

“사장님, 그분이 만약 여기에 오지 않으면 그 조합을 따라 할 수 없게 되잖아요.”

“그렇긴 한데 대화조차 해주질 않으니…….”

호찬은 커피를 홀짝인 후 입을 열었다.

“오늘은 다를 거예요.”

“이러다 성가셔서 오지 않으면 어떻게 하려고…….”

점장의 걱정스러운 말을 듣던 호찬이 자리에서 일어났다.

호랑이도 제 말 하면 온다고 고수가 가게 문을 열고 안으로 들어섰다.

“어서 오세요.”

점장의 인사를 눈인사로 받은 고수는 호찬에게 다가왔다.

“따라 나와.”

“네!”

갑작스러운 반말에도 불구하고 호찬은 힘차게 대답했다. 먼저 다가와 주었다는 것은 결과가 뭐가 됐든 대화라도 할 수 있을 것으로 생각했다.

“사장님, 커피 잘 마셨습니다.”

“그래, 좋은 결과 기다리고 있겠네.”

언더오버 유형은

양팀 득점 총 합이 주어진 조건 값보다
작은 값(언더-U)이 나올 지
큰 값(오버-O)이 나올 지 예상하여 맞히는 방식입니다.

▶저득점 경기가 예상되면 언더
다득점 경기가 예상되면 오버를 선택하시면 됩니다.

언더(U)
: 주어진 조건 값보다 양 팀 득점의 총 합이 작은 경우

오버(O)
: 주어진 조건 값보다 양 팀 득점의 총 합이 큰 경우

※오프라인 매장에서 투표용지에 기입할 때에는

언더(U)는 **승**, 오버(O)는 **패** 에
체크 하시면 됩니다.

언더오버 유형 종목별 예시

축구 예시 (기준 값 2.5)

구분	홈팀 vs 원정팀	배당률			실제 경기결과	프로토 결과 경기결과	프로토 결과 적중결과
일반	레알마드 vs 올림피아	승1.10	무6.40	패12.0	2:1	**2:1**	**승**
언더오버	레알마드(U/O 2.5) vs 올림피아	U1.56	-	O1.85		**3 (총득점 2+1)**	O(오버)

* 양 팀 득점의 총 합 = 2+1 = 3, 제시된 기준 값 2.5 초과로 적중결과는 **O(오버)** 입니다.

농구 예시 (기준 값 148.5)

구분	홈팀 vs 원정팀	배당률			실제 경기결과	프로토 결과 경기결과	프로토 결과 적중결과
일반	서울SK vs 전자랜드	승1.88	-	패1.62	70:72	**70:72**	**패**
언더오버	서울SK(U/O 148.5) vs 전자랜드	U1.72	-	O1.72		**142 (총득점 70+72)**	U(언더)

* 양 팀 득점의 총 합 = 70+72 = 142, 제시된 기준 값 148.5 미만으로 적중결과는 **U(언더)** 입니다.

배구 예시 (기준 값 175.5)

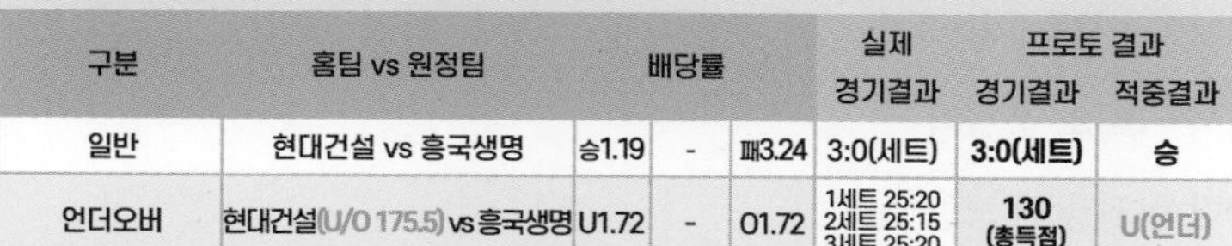

구분	홈팀 vs 원정팀	배당률			실제 경기결과	프로토 결과 경기결과	프로토 결과 적중결과
일반	현대건설 vs 흥국생명	승1.19	-	패3.24	3:0(세트)	**3:0(세트)**	**승**
언더오버	현대건설(U/O 175.5) vs 흥국생명	U1.72	-	O1.72	1세트 25:20 2세트 25:15 3세트 25:20	**130 (총득점)**	U(언더)

* 결과 적용 기준: 일반, 핸디캡 유형 = 세트스코어에 따른 승, 패 적용.
* 양 팀 득점의 총 합 = 25+20+25+15+25+20 = 130, 제시된 기준 값 175.5 미만으로 적중결과는 **U(언더)** 입니다.

야구 예시 (기준 값 9.5)

구분	홈팀 vs 원정팀	배당률			실제 경기결과	프로토 결과 경기결과	프로토 결과 적중결과
일반	두산 vs 롯데	승1.22	-	패3.03	4:3	**4:3**	**승**
언더오버	두산(U/O 9.5) vs 전자랜드	U1.72	-	O1.72		**7 (총득점)**	U(언더)

* 양 팀 득점의 총 합 = 4+3 = 7, 제시된 기준 값 9.5 미만으로 적중결과는 **U(언더)** 입니다.

전귀

토토방에서 나온 호찬은 고수를 살펴보았다.

중년 남성으로 보이는 고수는 싸늘한 칼바람에도 아랑곳하지 않았으며 건장한 풍채를 지녔다.

짙은 눈썹과 부리부리한 눈빛이 호찬을 짓눌렀다. 눈을 마주치기만 해도 고수의 기세에 제압당할 것만 같다.

"내 비법이 필요하다고?"

"네!"

호찬은 기세에 눌리기 싫어 우렁차게 외쳤다. 힘찬 대답에 고수의 눈이 호찬을 위에서 아래로 훑었다.

사람을 꿰뚫어 보는 눈빛.

"내가 왜 가르쳐 주어야 하지?"

맹수가 으르렁대는 소리처럼 들린다. 마치 자신이 사냥한 먹잇감을 노리지 말라며 경고하는 어투다.

"돈을 벌어야 합니다."

"당연한 소리를. 누가 토토를 돈을 잃기 위해 하는가. 다 돈을 위해서 하는 것이지."

어느 날 갑자기 자신에게 닥친 사태의 원인이자 해결을 위한 수단. 지난 2년 동안 지독하리만치 호찬을 짓누른 그것.

돈.

호찬은 자신이 처한 상황을 고수에게 말했다.

아버지가 남긴 빚. 회사까지 찾아왔던 사채업자의 행패. 2년이라는 기간 동안 악착같이 갚은 빚. 자신의 부담을 덜어주기 위해 학업을 포기한다는 어린 여동생까지.

"솔직히 다 내던지고 포기하고 싶었습니다. 하루에도 몇 번씩이나 포기하려다 참고 살아왔습니다. 그럴 때마다 동생을 떠올립니다."

호찬이 떨린 목소리로 말을 이었다.

"저야 그렇다 쳐도 아직 성인도 안 된 동생은 걱정 없이 행복했으면 합니다. 저에게 하나 남은 가족을 위해서라도 돈이 필요합니다."

"가족이라고……."

고수가 낮은 목소리로 중얼거렸다.

"전 포기하지 않을 겁니다. 부탁드립니다."

"후우……. 알겠네."

호찬은 고수의 앞에 무릎을 꿇었다. 고수는 한숨을 내뱉으며 호찬의 절박함에 답했다.

"고맙습니다! 스승님!"

고수의 승낙에 호찬이 벌떡 일어났다. 고수라고 불린 자가 손사래를 쳤다.

"스승은 무슨. 그냥 전귀라고 부르게."

"전귀요?"

"돈에 미친 귀신 전귀! 나를 아는 사람은 그렇게 부르더군."

"경기를 구매하고 나서 이후에 배당이 변경되었습니다.
어떻게 되는 건가요?"

생각보다 프로토의 배당 변경은
매우 빈번하게 발생하는 편입니다.

초기 배당이 나온 이후
해당 팀의 이슈(부상자, 선발투수변경 등)나
경기결과에 영향을 끼치는 상황 발생 혹은 투표권이
한쪽으로 몰린다면 배당이 높아지거나 낮아지기도 합니다.

예를 들자면, 토론토 경기에서 류현진선수가
선발투수로 예정되어 있었다가 초기 배당이 나온 이후
2군 선수로 선발투수가 급작스럽게 변경되는 상황이 발생한다면

배당률책정가들이 자체적으로 배당을 변경하기도 하지만
투표권이 한쪽으로 몰리게 되어 배당이 변경되기도 합니다.

그렇다면 이 경우에는 어떤 배당을 적용 받을까요?
초기배당일까요? **변동배당**일까요?

프로토는 **고정배당률**을 따릅니다. 따라서

발매기간 중 배당률 및 사전에 주어진 조건
혹은 주어진 기준 값이 변동되었을 경우
각 고객이 투표권을 구매한 시점의 배당률
(영수증에 표기된 배당률) 및 사전에 주어진 조건
(영수증에 표기된 조건)에 따라 반영 됩니다.

"경기가 갑자기 취소되거나
야구에서 **무승부**가 된 경우에는요?"

▶ 이 경우는 상황에 따라 다르며,
아래 조건에 따라 **적중특례** 혹은 **발매무효**
처리가 됩니다.

적중특례 및 발매무효 등

적중특례

선택한 대상경기의 일부가 개최되지 않았거나
개최되었더라도 경기결과를 확정할 수 없는 경우
해당 경기는 **1.0배 처리**됩니다.

경기취소

경기가 취소된 경우 해당 경기의 승-무-패,
언더-오버 배당률은 **모두 1.0배 처리**됩니다.
(선택한 경기 중 한 경기라도 결과가 확정되었을 경우
그 투표권을 유효하게 처리합니다.)

발매무효(환불)

선택한 모든 경기가 취소될 시 **환불** 됩니다.

야구, 농구, 배구 경기에서 **무승부** 경기 결과 발생 시
해당 경기의 승, 패 배당률은 **모두 1.0배 처리** 됩니다.

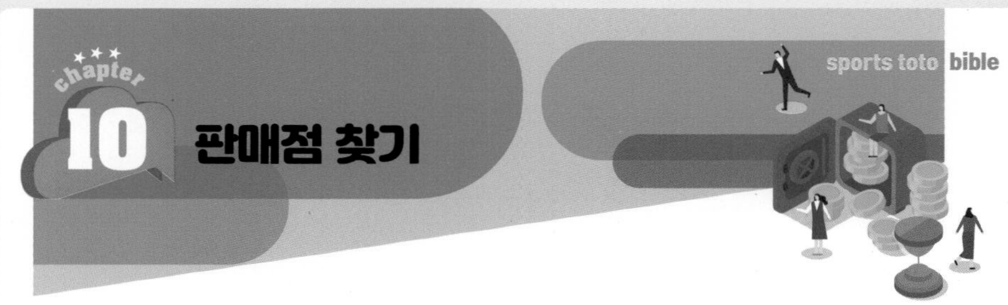

판매점 찾기

찾아라 토토방

“김대리, 고생했어.”

“아닙니다. 과장님이 고생하셨죠. 저야 잡일 거들고 운전만 했는데요.”

호찬의 말에 과장의 입 꼬리가 올라갔다. 자신의 공을 낮추고 상사를 추켜세우는 부하직원의 빈말이어도 기분이 좋았다.

“아니야, 김대리가 준비를 말끔하게 해서 출장을 와서도 내가 편했어.”

“감사합니다.”

“난 여기서 내려줘. 약속이 있어서. 김대리는 차 반납하고 퇴근해.”

차가 정차되고 과장이 차에서 내리기가 무섭게 호찬의 휴대폰에 문자가 왔다.

[오늘의 픽이네. 조합은 이렇게 하고 금액이 5천원이네.]

점장의 문자였다. 전귀의 베팅을 호찬에게 공유한 것이었다.

“미친…….”

조합을 확인한 호찬의 입에서 거친 말이 튀어나왔다.

97배.

비록 베팅 금액은 평소와 달리 적은 5천원이지만, 배당과 조합되면 50만원에 가까운 금액을 환급받을 수 있는 조합이다.

‘이건 도박에 가까운 베팅이다.’

호찬은 전귀가 자신의 부탁을 승낙한 날, 그가 당부한 말을 떠올렸다.

“공은 둥글다. 아무리 분석을 하고 예측을 하더라도 틀리기도 하지. 난 전지전능한 존재가 아니라 노하우를 통해 적중할 확률을 높일 뿐이다."

"예."

"내 베팅을 따라 한다면 절대 베팅 금액을 높이지 마라. 미적중해서 돈을 잃더라도 수익에서 메꿀 수 있도록 정해진 금액이니."

회상을 끝낸 호찬은 베팅하기 위해 주변을 둘러보며 토토를 할 수 있는 장소를 찾았다. 그러나 근처 편의점을 확인해도 토토를 할 장소가 딱히 없었다. 고민하던 호찬은 토토방 점장에게 문자를 보냈다.

[사장님, 제가 출장을 왔는데 근처에 토토 판매점을 못 찾고 있어요. 무슨 방법이 없을까요?]

[핸드폰으로 인터넷에 스포츠토토를 검색해보게. 판매점 찾기를 하면 토토를 할 수 있을 걸세.]

[감사합니다! 사장님!]

호찬은 점장의 조언에 따라 토토 판매점으로 가서 베팅하기 시작했다.

용지에 전귀의 픽을 따라 기입하던 호찬은 고민에 빠졌다.

'전귀님이 알려준 픽에 강팀 경기 하나만 넣으면 100배가 넘는데 넣어도 될까.'

욕심. 워낙 배당이 컸기에 1.1배당인 경기만 추가해도 106배로 확 늘었다.

'그래, 전귀님도 베팅 금액을 높이지 말라고 했지, 배당을 늘리지 말라곤 하지 않았어.'

호찬이 욕심을 부린 베팅을 했다.

온라인으로 회차 5만원을 전부 구매하여
오프라인으로 구매를 해야 하는데
판매점을 찾지 못하시겠다고요?

타지역으로 출장을 가게 되어
스포츠토토 **판매점을 찾지 못하시겠다고요?**

경기 마감 시간이 얼마 남지 않았는데
구매 대기줄이 너무 길다고요?

위 **홈페이지 접속** 후
▶ **상단 카테고리-판매점 찾기** 클릭하신 이후

▶ **지역 & 도로명 검색** 등을 통해
스포츠토토 판매점을
쉽게 찾으실 수 있습니다.

혹은 **베트맨 - 고객센터 - 판매점 찾기** 를
이용하시면 됩니다.

Check Point!

충동적으로 무언가에 쫓기듯 급박하게
베팅하지 마시고
항상 **계획적으로 구매**하는
건전한 베팅 문화를 형성합시다!

스포츠 경기는 오늘이 아니더라도 매일 있습니다.

도박이 아닌 **건전한 레저 문화**로 즐깁시다!

환급률과 세금

세금 22%

"어?"

토토방. 전귀와 마주 앉아 베팅 내용을 확인하던 호찬이 당혹감을 감추지 못했다.

"무슨 일인가?"

"환급 받은 금액이 이상합니다."

호찬은 토토 영수증을 전귀에게 보여주며 말을 이었다.

"베팅 금액이 5천원이고, 배당이 106배이면 53만원이어야 하잖아요. 그런데 왜 환급된 금액이 41만3천원일까요."

"멍청한 새끼."

"네?"

호찬은 전귀의 입에서 험한 말이 나오자 화들짝 놀랐다.

전귀는 호찬의 영수증 옆에 자신의 97배 영수증을 놓으며 입을 열었다.

배당이 더 낮음에도 불구하고 환급 금액은 호찬보다 많은 48만5천원이었다.

"나한테 노하우를 가르쳐 달라고 한 녀석이 기본도 모르는 것을 보니 어찌 고운 말이 나오겠나?"

"죄송합니다. 이유를 가르쳐 주실 수 있습니까?"

호찬이 머리를 숙이며 물었다.

"고액의 이익을 얻고 싶으면 명심해라. 토토를 할 때 적중하고도 22%의 세금이 붙는 경우가 있다. 여기에 해당하면 배당이 더 높더라도 손해를 보기 마련이지."

호찬은 영수증을 비교하며 환급 금액을 확인했다.

106배로 더 배당이 높지만, 환급된 금액은 무려 7만원이 더 적었다.

한 경기를 조합에 더 추가하여 미적중 확률만 커지고 얻는 이익이 줄어든 것이다.

"가슴속 깊이 새겨 넣어라. 먼저, 이번처럼 적중 배당률이 100배를 넘기면 환급할 때 22%의 세금이 붙는다."

"다른 상황도 있습니까?"

"적중 예상 금액이 200만원보다 많은 경우에도 22%의 세금이 부과된다."

"그렇군요. 가르쳐주셔서 감사합니다."

호찬은 고개를 꾸벅 숙였다.

전귀는 앞에 놓인 커피를 마셨다. 전귀의 매서운 눈빛이 호찬을 향했다.

"사람이라면 욕심이 나는 게 당연하지. 싼값에 큰 배움을 얻었다고 생각해라. 다만, 과한 욕심은 화를 부를 수 있지. 잊지 말아라."

우리는 앞서 Chapter6 배당이란? 을 통해서

스포츠토토 **환급률이 86%** 이고
수수료가 14% 라는 것을
알 수 있었습니다.

하지만 이것 외에도
세금이 추가적으로 붙는다는 사실

알고계셨나요?

스포츠토토는 **두 가지 경우**에 한하여
22%의 세금을 부과하고 있습니다.

참고 **3억원을 초과**하는 당첨금에 한하여는
33%의 세금을 부과하고 있으나
프로토승부식은 최대 당첨금이 1억원이기에
해당 사항 없습니다.

첫번째, **적중 배당률이 100배 보다 초과**되었을 경우

두번째, **환급금이 200만원 보다 초과**되었을 경우

예외적으로 적중 배당률에 상관없이
환급금이 10만원 이하라면
세금이 부과되지 않습니다.

구매금액 1만원으로 5경기를 선택하여
99배당을 만들었으나
적중금액에 욕심이 생겨 **1경기 더 추가**하여
6경기 120배당을 만들었습니다.

▶ 이 경우 적중하게 되면
5경기는 99만원을 다 받을 수 있으나
6경기는 100배당을 초과하기 때문에
1경기를 더 맞추고도 22%의 세금을 제하고
93만6천원을 받게 됩니다.

세금 계산을 제대로 하지 않고
무분별하게 베팅을 하게 된다면

더 높은 배당을 적중했음에도 불구하고
더 낮은 적중 금액을 받는
불상사가 생길 수 있습니다.

술잔을 기울이며

술집 안.

안주를 사이에 두고 마주앉은 전귀와 점장이 술잔을 들이켰다.

"크. 술맛 좋다. 역시 하루의 마무리는 소주 한잔이지."

빈 술잔에 술을 따르며 점장이 말했다. 전귀는 부리부리한 눈을 부라리며 점장을 노려보았다. 노려보던 전귀가 입을 열었다.

"사람 귀찮게 하는 일을 벌이는 취미가 있으셨네?"

"크흠. 미안하네. 그래서 이렇게 술도 사는 거 아닌가?"

점장이 술병을 가볍게 흔들며 웃었다.

"지랄! 한 번으로 퉁치려고 하면 죽는다."

"그래도 호찬이 걔가 불쌍하지 않은가. 그래서 자네도 거절하지 않은거지. 아니야?"

"불쌍은 무슨. 그런 식이면 세상에 불쌍하지 않은 사람이 어디에 있나?"

"그럼 왜 호찬이를 돕겠다고 한 건가?"

점장의 물음에 전귀는 앞에 놓인 술잔을 거칠게 들이켰다. 알싸한 술이 목을 넘어가는데도 눈썹조차 미동하지 않는다.

"가족을 위해서라고 하더군."

"여동생 말인가?"

"그래."

대답하는 전귀의 목소리가 먹먹해졌다.

“아직도 마음에 담고 사는 건가?”

“어찌 잊겠나. 아내며 딸이며 다 내팽개치고 돈에 미쳐서 살아왔는데. 돈에 미쳐서 아내가 세상을 떠나도 정신을 못 차렸던 놈인데.”

“그만 자책하게. 자네도 가족을 위해서 노력했지 않나?”

전귀가 고개를 가로저었다.

“아니, 그냥 돈에 취했던 거야. 돈이 주는 명예와 권력에 눈이 멀었던 거고.”

“…….”

“술맛 떨어졌어. 막잔하고 일어나지.”

자신을 바라보는 점장의 눈빛에 연민의 감정이 실린 것을 본 전귀가 말했다.

“호찬이 상황을 빨리 해결하려고 평소에는 하지도 않던 100배 짜리 베팅을 한 거야?”

“그놈의 운을 본 거야. 이 베팅이 적중하면 그놈에게 내가 아는 것들을 가르쳐주고 미적중하면 그걸로 끝. 그게 그 녀석의 운명인거야.”

“마음에도 없는 소리를……. 자네 성격에 하지 않을 거였으면 애초에 승낙하지도 않았겠지. 자, 짠이나 하자고.”

점장이 잔을 들었다.

" 당첨금액은 어디서 바꾸면 되나요? "

❶ **온라인** 일 경우

▸ **본인 명의의 은행 계좌**로
당첨금을 바로 지급받으실 수 있습니다.

❷ **오프라인** 일 경우

▸ 당첨 영수증을 가지고
토토 판매처에 가져가시면
즉시 환급 가능합니다.

하지만 **당첨 금액이 너무 크거나**
토토 판매처(편의점, 복권방 등)에
현금을 많이 보유하고 있지 않은 경우

환급 받는 게 어려우실 수도 있습니다.

이 경우에는
스포츠토토 공식 환급대행은행인
우리은행에 당첨영수증을 들고 가셔서
당첨금을 지급 받으시면 됩니다.

Check Point!

당첨금 지급 기한은
공식 적중 결과 발표일 익일(지급개시일) 부터
1년간만 유효합니다.

적중이 되었다 하더라도
1년간 환급받지 않을 시
당첨금을 받으실 수 없습니다.

chapter 13 언제부터 시작할까?

편의점

토토를 하러 편의점에 방문한 호찬.

"……."

뜻밖의 인물과 예상하지 못한 만남은 시간이 멈춘 것처럼 정적만이 맴돌았다.

호찬은 유니폼을 입고 편의점 계산대에 자리하고 있는 여동생, 지온을 바라보며 아무런 말도 하지 못했다. 지온은 당황한 얼굴로 호찬을 바라볼 뿐이었다.

'참아야 한다.'

감정이 앞서면 말실수를 하게 되고 갈등을 빚어낼 뿐, 근본적으로 문제를 해결할 수 없다.

말없이 서로를 바라보고 있는 둘을 향해 다른 직원이 걸어왔다.

"손님, 뭐 도와드릴까요? 이 직원은 일한 지 얼마 안 돼서 배우는 중이라 필요한 거 있으면 제가 도와드릴게요."

그 직원은 눈이 돌아갈 정도로 아름다운 외모를 지녔지만, 지금 호찬의 눈에 들어오지 않았다.

"아니요. 괜찮습니다. 이 학생 보호자라서 그런데 잠시 얘기 좀 나누고 와도 될까요?"

"아! 지온이 오빠시구나. 네, 그러셔도 돼요."

"잠시만 실례할게요."

잠시 밖에 나온 호찬과 지온.

"긴말하지 않을게. 수능 끝나고 한다며. 돈이 필요했어? 왜?"

"오빠 곧 있으면 생일이잖아. 오빠가 주는 용돈이 아닌 내가 직접 번 돈으로 작은 선물이라도 해주고 싶었어."

"하……."

호찬의 입에서 한숨이 나왔다.

빚에 짓눌리기 전에는 이렇게 애틋한 남매 사이가 아니었다. 그러나 이제 의지할 곳 없는 남매는 서로에게 서로가 살아가는 이유이자 버팀목이 되었다.

호찬은 추위에 몸을 떠는 동생을 보고는 마음이 약해졌다.

"수능은 자신 있는 거지?"

많이 누그러진 호찬의 어조에 지온의 얼굴에 화색이 돌았다.

"응! 걱정할 필요 없어."

"들어가자. 아무거나 따뜻한 거라도 마시게."

편의점으로 향하던 호찬이 지온을 보며 물었다.

"근데 미성년자 알바는 보호자 동의 필요한 거 아냐? 어떻게 했어?"

"근로 동의서에 오빠 싸인 내가 했는데……. 지금이라도 동의 받았으니 괜찮지 않을까?"

실실거리며 머리를 긁적이는 동생에게 호찬이 꿀밤을 선사했다.

"점장님한테 사과드리고 제대로 된 동의서 제출하자."

베팅을 할 때에는, 모든 종목 공통적으로
시즌 후반에 베팅하는 것이 가장 좋다고 볼 수 있습니다.

① **팀 별 전력**(강팀·약팀)이 모두 드러나 있으며
② **데이터의 양**도 상당하고
③ **동기부여**가 확실히 나타나기 때문입니다.

순위 싸움을 하는 팀은
절대 패배해서는 안될 것이며

강등권 팀들 역시 어떻게 해서든
승점을 챙기는 것이 중요하기 때문입니다.

여기서 **변수**가 있는데

야구나 **농구** 종목 같은 경우는 하위권 팀들이
다음 시즌 상위 드래프트 지명권을 얻어내기 위하여
고의로 패배를 하기도 합니다.

이를 역으로 활용하여 베팅하는 방법도 존재합니다.

그렇다고 **시즌 초반 베팅이 나쁜 것은 절대 아닙니다**.

시즌 초반에는 전력이 제대로 나타나지 않아
배당이 높게 형성되기에
고수익을 노린다면 시즌 초반에 집중하는 것도
나쁘지 않은 선택입니다.

Check Point!

초보자에게 추천을 하자면 종목불문하고
시즌 후반에 베팅하는 것을 추천합니다.

하지만 스포츠는
시즌 후반 경기만 존재하는 것이 아닙니다.

그렇기에 초반·중반·후반을 가리지 않고
전부 베팅을 해보며
본인만의 노하우를 습득하고
자신만의 베팅 타이밍을 습득하길 바랍니다.

14 구간별 베팅 전략

혜진

편의점으로 들어온 호찬은 따뜻한 음료를 구매해 동생과 편의점 직원에게 주었다.

가슴팍에 붙어있는 명찰에는 최혜진이라고 써있었다.

"동생이 부족하더라도 잘 챙겨주세요. 부탁드립니다."

"지온이 성격도 사근사근하고 똑똑해서 너무 걱정 안 하셔도 돼요. 잘 마실게요."

혜진이 싱그러운 미소를 지으며 감사 인사를 표했다.

밝게 웃는 그녀의 모습에 호찬이 멍하니 그녀를 바라보았다.

"오빠, 입 닫아. 침 흐른다."

"뭐라는 거야. 네 성격이 사근사근하다고 하니까 어이가 없어서 그런 거야."

동생의 타박에 호찬의 시간이 움직이기 시작했다.

가만히 있으면 계속 놀림당할 것을 알고 있던 호찬이 시계를 보며 대화 주제를 바꿨다.

"넌 언제 마치냐? 기다려줄까?"

"나 30분만 더하면 되는데."

"그럼 기다리고 있을 테니까 잘 배우고. 아무튼, 잘 부탁드립니다."

"네."

호찬은 테이블에 앉아 따뜻한 음료를 마시며 동생의 퇴근을 기다리기로 했다.

카운터에 서 있는 둘을 바라보니 뭐가 그리 재밌는지 까르르 웃고 있었다.

'그래도 같이 일하는 사람이 성격이 좋아 보이네.'

결국, 동생의 고집대로 일하게 된 이상, 호찬에게는 같이 일하는 사람이 중요했다.

'부장님 같은 사람은 아니니까. 지온이도 잘 따르고'

애교를 부리는 동생에게 그녀는 미소를 지었다.

호찬은 기왕 기다리기로 했으니 토토를 하기로 마음먹고 카운터로 향했다. 혜진이 밝은 미소를 보이며 입을 열었다.

"뭐 필요하세요?"

"승부식 대상 경기표 주세요."

사라졌다. 주위를 환하게 했던 그녀의 아름다운 미소가. 호찬을 향해 밝게 웃어주던 그녀의 태도가 싸늘해졌다.

'내가 뭐라도 실수한 게 있나?'

호찬은 갑작스러운 혜진의 변화에 속으로 생각했지만 별다른 이유가 없었다.

"여기요."

"고맙습니다."

퉁명스레 건네는 용지를 받아든 호찬이 테이블로 향했다.

투표용지에 몇몇 경기의 승패를 예측하여 써넣은 호찬은 다시 카운터로 향했다.

"언니, 저 퇴근할게요."

"그래, 오늘도 수고했어. 내일 보자."

지온과 대화를 하며 웃고 있던 혜진이 그가 다가가자 다시 얼굴을 굳혔다.

"구매됐습니다. 안녕히 가세요."

"오빠, 뭐해? 집에 안가?"

여전히 싸늘한 혜진을 뒤로하고 동생의 재촉에 호찬은 의문을 덮어두고 편의점에서 나왔다.

월드컵, 올림픽 등 **단기 토너먼트가 아닌 이상**
축구·농구·배구·야구 모든 프로 스포츠들의
정규 시즌은 매우 깁니다.

EPL(축구)	매년 8월 - 이듬해 5월
MLB(야구)	4월 - 11월

이처럼 시즌은 매우 길기에 시즌 진행 구간별로
베팅 전략을 다르게 가져가는 것도
하나의 분석 방법이 될 수 있습니다.

시즌 초반 베팅 전략

시즌 초반은 **팀 간의 전력 데이터가**
확연하게 나오지 않은 상태입니다.

그렇기에 시즌 후반이면 정배당을 받을 팀이
시즌 초반에는 **전력을 모르기에**
역배당을 받는 경우가 많습니다.
물론 그 반대의 경우도 존재하겠죠.

18/19 시즌 2부 리그 2위로 1부 리그 승격에 성공한
EPL의 셰필드Utd 같은 경우, 19/20 시즌이 시작하기 전부터
유력한 강등 후보로 평가 받으며 14라운드까지 2 이하로
배당을 받아본 적이 없으며 14경기 중 역배만 11차례,
이 기간 동안 성적은 4승 7무 3패였으며 시즌 막판까지
유로파 티켓을 놓고 경쟁을 할 정도로 좋은 경기를 보여주었음

시즌 후반으로 접어들수록 강팀들이
고배당을 받는 경기는 전혀 찾아볼 수가 없게 됩니다.

핸디캡 경기를 선택하지 않는 이상
배당 대비 메리트가 전혀 없습니다.

시즌 초반

그렇기에 **시즌 초반**은
역배 혹은 **고배당** 위주의 베팅 전략을
수립하는 것이 배당 대비 괜찮은 선택입니다.

쉽게 말해, 아직 정확한 전력을
모르는 상황이기 때문에
정배당이 정배당이 아닐 수가 있습니다.

시즌 중반 베팅 전략

시즌 중반은 사실 **베팅하기에 가장 좋지 못한 타이밍**
이라고 볼 수 있습니다.

종목불문 상위팀·하위팀 가리지 않고
적절한 동기 부여가 존재하며, 시즌 막판처럼
버리는 경기나 강한 동기부여가 존재하는 것도 아닙니다.

그렇기에 이 시기에는
동기부여보다는 **최근 경기력을 더 중요시** 하는 것이
좋고, 너무 깊게 볼 필요 없이 **팀 명(강팀)만
보고 가는 것도 나쁜 선택은 아닙니다.**

흐름대로 많이 이루어지고 이변이 적은 편입니다.

어떻게 보면 쉬워 보이는 구간이지만
분석적으로 보자면 강한 동기부여나 일정, 순위싸움 등
분석을 하는데 도움이 될 만한 특별한 이슈가 없어
난항을 겪기도 합니다.

시즌 중반

최근 5경기 혹은 최근 3경기의
경기력이 좋거나
연패를 끊어야 하는 팀, **일정** 등의 변수를
고려해서 전략을 수립한다면

그나마 재미를 볼 수 있는 구간입니다.

시즌 후반 베팅 전략

시즌 초반·중반·후반을 통틀어서
가장 좋다고 볼 수 있는 베팅 타이밍입니다.

어떠한 종목이든 강팀과 약팀의
전력차가 확실해졌으며
동기부여 마저 확실합니다.

상위권 팀은 우승 도전 혹은
플레이오프, 챔피언스리그 티켓 등을 위해
동기부여가 확실하며

하위권 팀 역시 강등권 탈출
드래프트 픽 등을 통해 **동기부여** 구분이
가능합니다.

시즌 후반

이 시기에는 **배당이 낮은**
정배당 경기 위주의 베팅이 가장 좋습니다.

분석으로 예상한 결과가 실제 결과와
정확하게 일치하게 되는 경우가 많은
분석이 잘 되는 구간입니다.

시즌 후반

✔꼭 이겨야 하는 동기부여가 강한 **약팀**들을
선택하여 **고배당 역배**를 노리는 것도 가능하며

✔무승부를 통해 승점 1점만으로도
만족할 수 있는 팀들도 많기에
무승부 베팅도 가능한 구간입니다.

Check Point!

크게 초반·중반·후반을
하나의 예시로 들었으나
더 잘게 구간을 나눌 수도 있습니다.

본인만의 베팅 전략을 수립하여
수정, 보완해 나가는 것이 중요합니다!

기록지

며칠 후. 토토방.

“마음에 안 드는구먼.”

호찬의 베팅 용지를 확인하던 전귀는 입에서 불만 섞인 목소리를 토했다.

강팀 위주의 낮은 배당 경기로 많이 구성된 조합.

“이 경기에는 왜 베팅한 거야?”

“강팀의 원정 경기이긴 하지만, 최근 연승도 하고 있고 팀 내 에이스 선수의 폼도 절정이니까요. 또 홈팀의 성적도 안 좋잖아요.”

“한심한 놈.”

호찬의 대답에 전귀가 혀를 차며 꾸짖었다.

“여태까지 이런 식으로 베팅했으면 돈 꽤 잃었겠는데.”

“적중 많이 했는데요?”

“운이 지랄 맞게 좋은 녀석이구나.”

호찬의 퉁명스러운 대답에 전귀가 거친 말을 쏘아붙였다.

“이 경기는 거르는 것이 맞다.”

“이유를 가르쳐주실 수 있습니까?”

호찬의 물음에 전귀는 인터넷을 켜 강팀과 홈팀의 경기 기록지를 화면에 띄웠다.

“적중률을 높이기 위해서는 분석을 잘해야 하지. 모든 경기를 다 챙겨보며 분석하는 것이 좋지만 현실적으로 불가능하다."

"네."

"강팀의 저번 경기의 결과 기록지를 봐. 뭐가 문제인지 알겠냐?"

호찬은 모니터를 확인했다.

'음. 뭐 특별한 건 없는 것 같은데…….'

경기 결과는 3:1로 강팀이 이겼고, 팀 내 에이스가 2골을 넣은 경기다. 호찬이 보지 못한 경기라 결과만 확인했던 기억이 있었다. 기록지를 세세하게 확인하던 호찬의 눈이 향한 곳은 퇴장이었다.

"퇴장이 있었네요."

후반 40분. 팀 에이스의 할리우드 액션으로 인한 퇴장이 있었다.

"네 녀석이 그토록 믿는 팀의 에이스가 퇴장으로 나오지도 못한다."

"팀에서 득점을 도맡아서 하던 에이스가 결장하면 이기기 힘들겠네요. 하지만……."

"강팀 대 약팀 경기라 혹시 모른다고 말할 것 같으면 닥쳐주면 고맙겠구나."

전귀가 호찬의 말을 끊었다. 정곡을 찔린 호찬이 말을 잇지 못했다.

"두 팀 간의 상대전적을 보면 이 팀과의 원정 경기에서 4년간 단 한 번도 승리하지 못했다. 책정된 배당에 비해 원정팀의 승리 확률이 너무 낮아. 나라면 걸렀을 경기다."

호찬은 침묵했다.

"경기를 다 챙겨보지 못하니 최소한의 노력으로 기록지를 확인하는 습관을 들여라."

분석을 하려는데
무엇부터 시작해야할지 모르시겠다고요?

우선, **TV를 틀어** 경기를 찾아보세요.

하지만, **국내 야구(KBO) 경기**만 하더라도
매일 5경기씩 진행 하는데

모든 경기를 다 챙겨 보면서 분석 한다는 것은
불가능 합니다.

일반인이 **모든 경기를 다 찾아보면서**
분석할 수는 없습니다.

하루종일 분석하는 것을 일로 하는
전문베터라고 하더라도
불가능합니다.

그렇기에
분석의 첫 시작은 바로
기록지를 찾아보는 것입니다.

기록지는 크게 두 가지로
나눌 수 있습니다.

경기 시작 전
경기 정보와
전력 비교를 해 놓은
기록지

경기 결과
기록지

다양한 기록지는
어플, 포털 사이트 검색 등으로
쉽게 확인할 수 있습니다.
(네이버 스포츠, 베트맨 경기 정보 등)

지금부터 기록지를 분석에 활용하는 방법을
알려드리겠습니다.

아래 참고 자료를 확인해주세요.

A,B,C,D, 총 네 팀의
직전경기 결과 기록지이며
종료된 경기입니다.

A팀	3 : 0	B팀
	경기종료	
71%	점유율	29%
15	슈팅	3
9	유효슛	0
9	코너킥	2
16	프리킥	4
10	파울	15
1	경고	4

점유율이나 **슈팅수**만 봐도 알 수 있듯이
A팀이 B팀을 압도하며 좋은 경기를 펼쳤다는 것을
알 수 있습니다.

C팀	2 : 1	D팀
	경기종료	
60%	점유율	40%
8	슈팅	4
6	유효슛	1
5	코너킥	1
11	프리킥	6
9	파울	17
0	경고	2

이 경기 역시 C팀이 D팀을 상대로 우세한 경기를 펼치며
승리를 가져갔다는 것을 기록지를 통해 알 수 있습니다.

다음 경기일정으로 A팀과 D팀이 맞붙을 예정이며
이 경기를 기록지를 활용하여 분석해보겠습니다.

A팀	VS	D팀
	경기예정	
8승1무1패	성적	2무8패
1위	순위	20위
23	득점	5
3	실점	24
4승1무	최근 5경기	5패
7승2무1패	역대 상대전적	1승2무7패

위 참고 자료는 경기 **시작 전, 전력 비교**를 해 놓은 기록지입니다.

자, 이제

A팀과 D팀이 맞붙게 될 시
누가 이길지 감이 좀 잡히시나요?

기록지는 경기의 축소판입니다.

경기를 볼 시간이 부족하다면
최소한 기록지라도 꼭 찾아보도록 합시다.

Check Point!

기록지만을 가지고 분석을 하게 되면
기록지로 표현이 안되는
수많은 변수들을 놓치게 됩니다.

기록지 분석은
분석의 시작이자 기초일 뿐입니다.

16 분석의 이유

단 한 경기

경기를 지켜보는 호찬의 두 손에 힘이 들어갔다.

호찬이 조합한 여러 경기중에서 다른 경기는 이미 적중하였다. 마지막으로 남은 경기는 전귀가 지적한 경기였다.

경기는 후반이 끝나갈 무렵까지 원정팀의 부진한 경기력에 0대0으로 지루했지만, 호찬에게는 손에 땀을 쥐는 경기였다.

–시간이 얼마 없는 지금, 원정팀의 마지막 공격이 전개되고 있습니다.

–찬스입니다! 슛 때려야 해요!

–어림없는 슛. 이대로 경기 끝납니다.

호찬은 온몸에서 힘이 턱 빠지는 것을 느꼈다. 긴장하며 지켜봤던 90여분의 시간이 너무나도 허무하게 느껴졌다.

"하……."

단 한 경기였다.

단 하나의 경기 결과만 맞혔더라면 적중하여 환급받을 수 있었다.

씁쓸했다.

막연히 강팀이 이겨줘서 좋은 결과가 있을 것이라는 기대감이 있었다. 그래서 전귀의 지적에도 불구하고 마음속 한쪽에서는 적중한다고 생각했다.

속이 쓰라리다.

이미 딴 돈이라고 생각했는데.

마지막 경기 이전까지는 이미 돈을 손에 쥐었다고 생각했는데.

다 꿈이었다.

손에 쥔 모래알처럼 손가락 사이로 빠져나갔다.

'복구해야 해.'

호찬은 베트맨 사이트에 접속해서 베팅할 경기가 있는지 확인했다.

초조했다.

기세 좋게 따고 있던 지난 일들은 이미 뒷전이었다. 오늘 잃은 금액만이 호찬의 눈에 밟혔다.

'아차. 기록지.'

전귀의 조언을 떠올린 호찬은 기록지를 확인했다.

지난 상대전적까지 확인한 호찬은 몇몇 경기를 조합하여 베팅했다.

'흔들리지 말자.'

호찬은 전귀의 조언을 떠올렸다.

'공은 둥글다. 아무리 분석을 완벽하게 해도 분석한 대로 흘러가지 않지. 그래도 분석을 하면 적중률이 높아진다. 경기마다 적중결과에 따라 흔들리지 말고, 일정하고 꾸준하게 베팅해라.'

스포츠는
기계가 아닌 **사람이 하는 것**입니다.

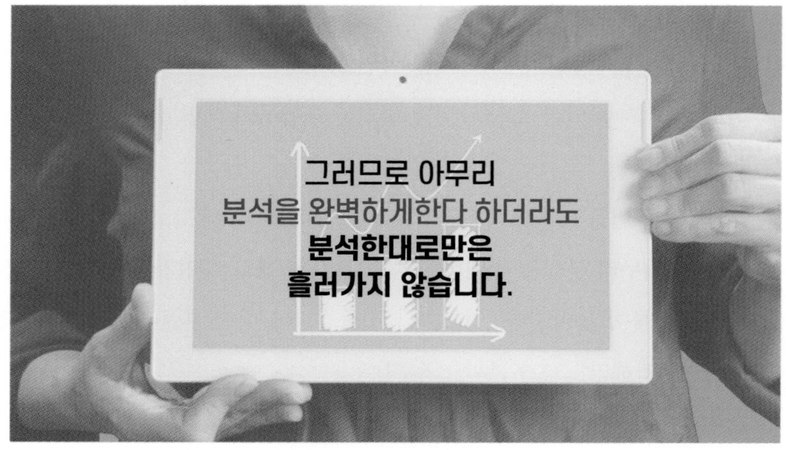

그렇다고
분석을 하지 말란 뜻은 아닙니다.

분석을 하게 되면
적중 확률을 높일 수 있기 때문입니다.

즉, **분석을 많이 하여**
적중 확률을 높여 놓으면

한 경기, 한 경기는 맞고 틀리고를 반복하더라도
길게 보면 분석한 만큼의 효과가
돌아오게 되어 있고

최종적으로 수익을 볼 수 있습니다.

Check Point!

객관적으로 분석된 정보가 바탕이 되어야하고
나만의 원칙을 만들어 지켜야 합니다.

흔들리지 않고 • 일정하고 • 꾸준하게
베팅 해야 하고
유연한 대응력 역시 중요합니다.

분석 정보 찾기

사채업자

호찬은 퇴근길에 지온이 일하는 편의점에 들러 같이 귀가하는 것이 일상이 되었다.

여전히 혜진이 쌀쌀맞게 대하는 이유는 몰랐지만, 동생의 안전한 귀가를 위한 선택이었다.

'그래도 혜진씨가 동생을 예뻐해서 다행이지. 나 싫다고 동생까지 괴롭혔으면…….'

"까악! 뭐하시는 거예요!"

"건들지 마! 내 몸에 손대지 말라고!"

호찬의 상념은 편의점에 들어선 순간 들려오는 비명소리에 깨졌다.

편의점 안에서 동생의 손목을 붙잡고 있는 남자와 비명을 지르는 혜진, 악다구니를 퍼붓는 동생이 호찬의 눈에 들어왔다.

바득.

호찬의 이가 갈렸다.

그 남자다.

어느 날 차용증을 들고 나타난 그 남자.

빚을 갚으라며 회사 앞에서 난동을 부리던 그 남자.

그 새끼가 지금 동생의 손목을 잡고 있다.

"야, 이 개새끼야!"

호찬은 참을 수 없는 욕을 내뱉으며 주먹을 휘둘렀다.

퍽.

호찬의 예상치 못한 일격에 맞은 남자가 쓰러졌다.

"내가 동생은 건들지 말라고 했지. 시발. 돈 잘 갚고 있잖아. 왜 지랄이야. 지랄은."

남자는 주먹으로 맞은 얼굴을 만지며 일어섰다.

날카로운 인상을 지닌 그가 입에 고인 피를 뱉었다.

"하, 시발. 남매가 쌍으로 미쳤나. 내가 뭐 했다고 주먹까지 쓰고 그러냐. 선빵을 맞았으니 이건 정당방위지?"

남자가 말을 끝내기도 전에 발로 호찬의 복부를 걷어찼다.

복부를 차인 호찬이 쓰러지자 호찬이 위에 올라탄 남자의 일방적인 구타가 시작되었다.

매서운 주먹에 정신을 차릴 틈도 없이 두들겨 맞던 호찬을 구해준 것은 혜진의 악에 받친 외침이었다.

"그만 하세요. 경찰에 신고했어요!"

남자가 손을 털며 일어섰다. 이미 엉망이 된 호찬의 얼굴을 보고 흡족한 듯이 웃음을 짓던 그가 입을 열었다. 핏물 묻은 이가 그의 웃음을 더욱 소름 끼치게 했다.

"그냥 아는 얼굴이 보여서 반가워서 인사만 했을 뿐인데 비명까지 지르지 않나 놀래서 손잡은 거로 경찰까지 부르니. 사채업 하는 사람은 무서워서 인사도 못 하겠네. 시발."

남자는 입에 고인 피를 한 번 더 뱉어내곤 밖으로 나갔다.

"오빠, 괜찮아?"

호찬은 울면서 달려든 지온의 머리를 쓰다듬으며 입을 열었다. 핏물이 왈칵 쏟아져 나와 바닥을 더럽혔다.

"넌 어디 다친 곳 없지? 다행이다."

"경기 상세 정보, 선수들의 스텟 같은 **세부정보**는
어디서 찾아봐야 하나요?"

"지금부터 알려드리겠습니다!"

'벳익스플로러'
www.betexplorer.com

종목별, 리그별, 팀 별 성적(홈원정, 상대전적, 역대)과
해외배당 등을 쉽게 확인 할 수 있습니다.

해외배당을 확인할 때 유용합니다.

'스텟티즈'
www.statiz.co.kr

KBO 리그의 각종 기록과
세이버메트릭스를 기반으로 한 다양한 스텟들을
자세하게 확인 할 수 있습니다.

'싸커웨이'
www.soccerway.com

축구 경기 일정, 심판, 부상자, 징계 결장자 등을
확인할 수 있습니다.

경기 일정을 확인할 때 유용합니다.

'후스코어드'
www.whoscored.com

축구 전문 통계 사이트이며 **A.I 평점**으로도 유명합니다.
축구 관련 다양한 정보를 확인 할 수 있습니다.

부상/징계 결장자를 확인 할 때 유용합니다.

'이에스피엔'
www.espn.com

MLB, NBA의 세부적인 기록 및 스텟, 일정, 선발 라인업 등을
확인 할 수 있습니다.

Check Point!

대표적인 사이트 일부만 나열해 드렸을 뿐
정보를 찾을 수 있는 사이트는
수백, 수천 개 이상입니다.

정보를 찾는 것이 분석의 시작입니다.

정당방위

경찰서에서 조사를 받고 나오는 호찬과 혜진의 얼굴에서는 섭섭함을 감출 수 없었다.

분을 참지 못해 씩씩거리던 지온이 악에 받친 외침을 토해내었다.

"아니! 사람이 이렇게 맞았는데, 경찰이 정당방위니까 좋게좋게 끝내자고 말하는 게 말이 되는 거야?"

눈물이 말라 번들거리는 얼굴로 성내는 동생을 보니, 호찬은 더욱 고개를 들 수 없었다.

초라했다.

호기롭게 주먹을 휘둘렀지만 단 한 방에 제압돼버린 자신이!

비참하다.

동생을 건드린 그 새끼한테 비 온 날 먼지 나듯이 맞은 상황이!

참담하다.

몇 년을 시달렸지만, 여전히 갚을 돈이 남아있다는 현실이!

하지만 견뎌내야 한다. 견뎌내야만 했다.

"미안하다. 많이 놀랐어?"

호찬은 고개를 들어 지온에게 물었다.

"엉엉엉."

엉망진창이 된 호찬의 얼굴을 마주친 지온이 다시 눈물을 터뜨렸다.

"괜찮아."

혜진이 울고 있는 지온을 안으며 달래주었다.

호찬의 눈에 그제야 혜진의 존재가 보였다. 그녀도 적잖이 놀란 일이었을 것이다.

호찬은 지온의 울음이 잦아들자 혜진에게 고개를 숙였다.

"죄송해요. 저 때문에 갑자기 이런 일에 휘말리게 해서, 혜진씨는 어디 다친 곳 없죠?"

"네, 전 괜찮아요. 큰일이 나기 전에 호찬씨가 와서 다행……."

손사래를 치며 답하던 혜진이 화들짝 놀라며 손으로 자신의 입을 막았다.

엉망진창인 호찬의 얼굴은 다행이라고 말할 수 없는 상황이었다.

혜진이 당황하며 얼굴이 붉어지자, 호찬이 피식 웃음을 흘렸다.

"다행이죠. 지온이랑 혜진씨가 아무런 상처 없어서."

"그래도……."

"아니에요. 어떻게 보면 제가 먼저 때려서 일이 커지기도 했고, 제 일에 휘말린 혜진씨에게 제가 더 미안한 일이에요."

혜진을 집에 데려다준 후, 호찬의 머릿속은 복잡했다.

빚으로 맺어진 인연이 아니었다면 그저 스치듯 지나갔을 손님이었을 뿐이었다.

빌어먹을 빚은 일상을 좀먹는 존재이다.

'이대로는 안 된다. 무언가 필요해. 강력한 한방이.'

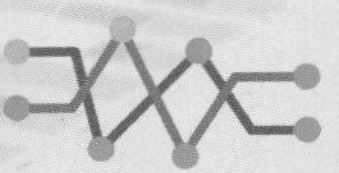

변수성이 가장 큰 종목은 무엇일까요?

일반적으로 플레이하는
선수의 **인원이 많을수록**
변수성이 작아지며

그 인원이 적을수록
변수성이 매우 커진다고
볼 수 있습니다.

간단하게 얘기해서

11명이 한 팀을 이루는 **축구**의 경우
한 명의 에이스 선수가 빠지더라도
충분히 빈 자리를 메울 수 있으나

농구의 경우 5명이 경기를 하기에
그 빈자리가 축구에 비해 크게 느껴집니다.

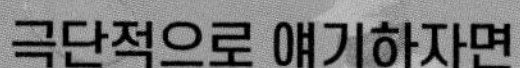

1:1경기인 **테니스**에서 A라는 선수가
컨디션이 좋지 못하다는 변수를 만나게 되면

A 선수의 승리 확률은 급격히 떨어지게 되는 것입니다.

야구는 축구 다음으로 많은
9명의 플레이어가 경기를 펼치지만

선발투수 한 명의 비중이 매우 크기에
변수성이 큰 종목이라고 볼 수 있습니다.

그 외 **경기시간, 몸 싸움 유무** 등
다양한 변수가 존재합니다.

극단적으로 축구 경기가 90분이 아닌 180분으로
진행된다면 약팀이 강팀을 이기는 경우는
거의 나오지 않을 것입니다.

몸의 부딪힘이 없다면 부상 등 다른 요인이
줄어들기에 이 역시 **변수성이 줄어드는 요인**입니다.
(※**배구**에 해당)

chapter 19

좋지 못한 베팅 습관

원금

다음날.

“꼴이 참…….”

거울을 보던 호찬이 헛웃음을 터뜨렸다.

시퍼렇게 멍든 채 퉁퉁 부은 눈은 뜨기도 힘들다.

군데군데 터진 입술과 입안에선 아직 비릿한 비린내가 맴돌았다.

다행히 주말이라 출근을 하지 않는 것이 다행이었다.

‘이 꼴을 부장이 봤으면 얼마나 잔소리를 퍼부을까.’

호찬은 약을 입술에 발랐다.

입술에서 느껴지는 따가움에 호찬이 미간을 찌푸렸다.

‘차라리 많이 때렸으면 억울하지라도 않지.’

사무치게 억울하다.

되로 주고 말로 받는다더니 지금의 꼴이 딱 그랬다.

‘돈! 결론은 돈이다.’

이 상황을 벗어날 방법은 결국 돈을 많이 버는 것이었다.

컴퓨터를 켜서 베트맨 사이트에 접속한 호찬의 낯빛이 어두워졌다.

전날 기록지까지 확인해가며 한 베팅이 적중실패를 한 것이다.

“하…….”

그 전에 미적중하여 잃은 돈을 복구하고자 했던 것이 실책이었다.

기존에 하던 베팅보다 높은 베팅 금액.

베팅 금액이 많아 배당을 약간만 높여도 기대 수익이 크다. 그래서 잘 모르는 종목까지 기록지만 확인한 채 배당을 더욱 높인 조합이었다.

하이 리스크, 하이 리턴(High risk, High return).

기존에 하던 베팅보다 높은 금액과 배당으로 더 많은 수익을 노린 결과가 결국 독이 되었다.

"진짜 인생 참 안 풀린다. 안 풀려."

호찬은 이번 회차의 경기를 확인했다.

마침 주말이라 경기가 많아 조합 가능한 경우의 수가 많았다.

'일단 원금이라도 찾자. 요즘 너무 많이 틀리는 것 같아.'

이런 식으로 돈을 잃으면 결국 빚에 시달리는 나날이 줄어들지 않는다.

되도록 빨리 돈을 갚아 그 녀석과의 원치 않은 인연을 끊고 싶었다.

연이은 미적중.

지금까지 겪어보지 못한 상황에 호찬은 마음은 초조했다.

원금을 되찾고자 하는 마음이 눈을 가리고 판단을 흐리게 했다.

가장 좋지 않은 베팅 습관은
원금을 찾으려고 하는 것 입니다.

원금을 찾으려는 생각 자체는
나쁜 것은 아닙니다.

그러나 원금을 생각하고 베팅을 한다면
계속해서 악순환에 빠질 가능성이
매우 높습니다.

우선, 배당때문에
경기선정에서부터 문제가 생겨버리며
잃어버린 원금을 복구시킬 생각만 하기 때문에

계속해서 **베팅 금액과 배당을 키우게** 되면서
더더욱 원금을 찾기가 힘들어 지게 됩니다.

마인드 컨트롤이 중요하며
항상 나만의 원칙과 신념을 가지고
일정하게 베팅 하는 것이
가장 좋습니다.

만약 잃더라도
일정한 원칙, 패턴대로 베팅을 했다면
무엇이 문제였는지 **약점을 파악**하여
다음 번 베팅에서는
그 약점을 보완할 수 있기 때문입니다.

Check Point!

가장 좋은 습관은 **토계부를 작성**하는 것입니다.
(Chapter79 토계부 작성하기 참고)

단순히 금액에 대한 손익 뿐만 아니라
경기, 유형, 리그, 배당 등 **내가 어떤 패턴·습관으로**
베팅을 하였는지 메모해 두는 것이 매우 중요합니다.

그렇게 해야 같은 실수를 반복하지 않습니다.

chapter 20 고배당에 끌리는 이유

끌리는 고배당

호찬은 시무룩한 얼굴로 토토방을 찾았다.

전날 원금을 되찾고자 했던 베팅의 실패로 정신이 피폐해졌다.

'조언이 필요하다.'

허겁지겁 다른 베팅 조합을 찾다가 전귀를 떠올리고 황급히 나온 길이었다.

"자네 얼굴이 왜 그래?"

점장이 반겨주다가 호찬의 얼굴을 확인하고 깜짝 놀라 소리쳤다.

커피를 마시며 앉아있던 전귀가 힐끗 보고는 입을 열었다.

"멍청한 놈이 길 가다 엎어졌나 보지. 어수선 피우지 말고 미지근한 생수나 내오게. 꼴을 보니 입안도 엉망일 테니 생수나 마시게."

"자넨 걱정도 안 되나?"

"초등학생이 울면서 고자질할 것도 아니고, 저렇게 얻어터진 놈이 이유를 잘도 말하겠다."

호찬은 점장에게 인사를 하고 전귀의 맞은 편에 앉았다.

"얼굴을 보아하니 꽤 잃었나 보군. 눈에 분노가 가득하네."

전귀는 호찬의 얼굴 상태는 안중에도 없었다.

전혀 신경 쓰지 않는 상대의 태도에 호찬도 바로 본론부터 꺼내었다.

"조언이 필요합니다."

"먼저 돈을 왜 잃었는지 말해봐. 이유를 알아야 고칠 수 있고 발전할 수 있다."

전귀의 날카로운 시선이 호찬을 향했다.

"원금을 회수하고자 베팅 금액을 늘리고 배당도 과하게 높였습니다. 그것이 제 실수라고 생각합니다."

"음. 돈을 잃다가 보면 원금이 아쉬워서 그런 악순환에 빠지지."

전귀가 고개를 끄덕인 후 말을 이었다.

"원금을 되찾기 위해 고배당에 끌리는 것은 당연한 이치다. 누가 베팅할 때 잃을 생각을 하겠냐. 다 돈 딸 생각을 하고 베팅하는 것인데."

"맞습니다."

전귀는 입이 마른지 남은 커피를 후룩거리며 들이켰다.

"배당이 높으면 적중 확률이 낮다. 3.48배당은 겨우 25%의 적중 확률이다. 토토는 로또나 복권처럼 운에 모든 것을 맡기는 것이 아닌데, 배당을 억지로 높이다 보면 결국 도박이 되는 거야."

"그렇다면 저배당만 노려야 합니까? 1.2배당의 경기로는 고작 2배로 만들려 해도 4경기를 해야 하는데 너무 경기 수가 많아집니다."

호찬의 반박에 전귀가 이를 드러내며 웃었다.

"좋은 지적이다. 그렇다면 배당 대비 이득인 경기를 가르켜 주마."

베터들의 어쩔 수 없는 성향이라고
볼 수 있는데, 사람이라면 어쩔 수 없이
저배당 보다는 고배당에 손이 가게 됩니다.

그냥 사람 심리가 그렇다.

어차피 승·무·패
3분의 1 확률 같아 보이기 때문에
이왕이면 고배당을 선택하게 됩니다.

하지만 속으면 안 됩니다.
확률이 전혀 다릅니다!

배당이 높은 것은
그만큼 **적중 확률이 낮다**는 뜻이고
그럴 바에는 **저배당 경기 여러 번 맞추는 것**이
확률적·심리적으로 더 이득입니다.

안정적이고 꾸준한 수익을 원한다면
저배당 베팅을 해야 합니다.

고배당은 **배당 대비 이득이 클 때**
베팅하는 것이 좋습니다.

Check Point!

배당이 낮다고 확신하지 말고
배당이 높다고 쫄지 맙시다!

배당은 그저 숫자, 확률에 불과합니다.

1.24 배당도 실제 적중 확률은 70%로
10번 중 3번은 틀리며
3.48 배당은 적중이 잘 안 될 것이라 생각하지만
25%의 확률로 4번 중 1번은 적중합니다.

배당 대비 이득인 경기

월요일.

호찬은 엉망진창인 얼굴이 신경 쓰여 쭈뼛거리며 출근했다.

부장의 잔소리를 들을 것이라는 호찬의 예상은 빗나갔다.

"큼큼. 자리로 가 보게."

오히려 처량한 몰골이 연민을 자극했는지 부장은 별 다른 말없이 넘어갔다.

"후우……."

호찬은 땅이 꺼질 듯 한숨을 토해내며 자리에 앉았다.

주변 직장동료들의 따가운 시선을 느끼며 호찬은 지난날, 전귀의 조언을 떠올렸다. 수군거리는 목소리들이 점점 귀에서 멀어져 간다.

"배당 대비 이득인 경기는 배당에 따른 적중 확률을 꿰차고 있어야 한다."

"배당에 따른 적중 확률이요?"

호찬의 물음에 전귀가 답했다.

"아까 3.48배당은 고작 25%의 적중 확률을 가지고 있다고 했지. 1.16배당은 적중 확률이 75%다. 이런 식으로 배당은 적중 확률에 따라 정해진다."

"그렇군요."

호찬이 고개를 끄덕였다.

"분석했는데 A팀이 B팀에게 승리할 확률이 50%는 된다는 결과가 나왔다. 그런데 배당이 2.5이면 원래 정해진 적중 확률은 34.8%이다."

"그렇다면 베팅을 해야겠네요. 적중 확률보다 맞을 확률이 15%나 더 높으니까요."

"단! 분석이 정확해야 한다."

호찬의 회상은 누군가 호찬의 어깨를 치는 바람에 깨져버렸다.

"김대리, 꼴이 그게 뭐야. 주말 동안 술 마시고 자빠졌어?"

장대리가 너스레를 떨며 호찬에게 어깨동무했다.

"그냥, 뭐 일이 좀 있었어."

"그래, 말하기 싫으면 안 해도 되지. 그나저나 이것 좀 봐. 구미가 당길 정보야."

장대리가 보여준 핸드폰에는 불법 토토 사이트가 담겨 있었다.

"불법이잖아."

"어허! 불법이라니. 이 몸은 세금을 많이 떼는 나라에 대항하는 레지스탕스라 이 말이야! 사설 토토는 금액 제한도 없고 배당도 더 높단 말이다. 또 단 1경기에도 베팅이 가능한 기회의 땅이란 말씀!"

장대리가 말한 조건은 호찬을 혹하게 했다.

공인 스포츠 토토는 10만원이라는 베팅 제한 금액이 있었고, 배당도 외국 토토에 비하면 짠 편이었다.

무엇보다 베팅할 때 2경기 이상을 조합해야 해서 1경기를 맞추더라도 나머지가 틀리면 돈을 잃는 단점이 있었다.

"어때? 구미가 당기지 않아? 난 사설 토토로 갈아탔다."

"음……."

배당 대비 이득인 경기란 무엇일까요?

Chapter6 배당이란?

동전던지기를 예시로 들었습니다.

만약 확률이 50%인 게임인데 배당이 1.2라면
당신은 게임을 할 것인가요? 구매 금액이
총 10만원인데 비해 운이 좋아 무려 10번 중
7번을 맞추더라도 84,000원 밖에 받지 못합니다.
이 경우, 하면 할수록 손해입니다.

위 경우는 **배당 대비 손해**인 경기입니다.

그렇다면 배당 대비 이득인 경기는 그 반대겠죠?

내가 분석해 보았을 때는
A팀이 B팀에게 승리할 확률이
두 번 중에 한 번(50%)은 될 것 같습니다.
그런데 **배당을 2.5나 주었다?**

혹은

한국과 독일이 축구 경기를 맞붙습니다.
한국 승12.00(7%) · 무11.00(8%) · 패1.02(85%)
하지만 내가 분석해 보았을 때
한국의 **승리 확률이 15%는 되어 보인다.**

바로 이런 경기들이 **배당 대비 이득인 경기**입니다.

배당 대비 손해인 경기는
10번 중 7번을 맞춰도 이득이 아닌 것에 반해

계속해서 **배당 대비 이득**인 경기만
선택한다고 가정하면, 틀리더라도
확률 대비 수익을 얻어가고 있는 셈입니다.

단, 자신의 분석이 정확했다는 가정하에 말입니다.

Check Point!

가장 쉽게 배당 대비 이득인
경기를 찾는 방법은

본인이 **오즈메이커(배당률책정가)**가 되어
배당을 책정 해 보는 것입니다.

(현재환급률) ÷ (본인생각적중확률)
= (본인이 생각한 적정배당) 이 됩니다.

예시 : (86) ÷ (50) = (1.72)
(1.72) 보다 크다면 배당대비 이득
(1.72) 보다 작다면 배당대비 손해

유료픽과 단톡방

불법 베팅 사이트

퇴근 후, 전귀와 단둘이 만난 호찬은 불법 스포츠 토토에 관해 물었다.

"관둬라."

전귀의 목소리에는 높낮이는 없었지만, 그 안에 숨은 옅은 분노의 감정이 흘러나왔다.

"그래도 분명히 장점이 있잖아요. 배당도 더 크고 금액 제한이 없으니 더 이득 아닌가요?"

호찬은 기세에 눌렸지만, 물러서지 않았다.

급했다.

세금을 떼가는 합법 스포츠 토토로는 현실을 벗어날 수 없을 것만 같았다.

초조함이라는 안대가 분노한 맹수의 살 떨리는 눈빛을 가려주었다.

"모든 것은 돈과 관련이 있다. 네가 불법 사설 베팅 사이트 총판이라고 생각해 봐라. 고객이 돈을 잃어야 너한테 수익이 나지 않겠냐?"

"그래도 전귀님의 분석력과 노하우라면……."

호찬의 말에 전귀가 웃음을 터뜨렸다.

웃음에는 노골적인 비하가 묻어있었고 호찬은 그제야 전귀의 분노를 느낄 수 있었다.

"그놈들이 거액의 금액에 적중할 때 제대로 당첨금을 지급하겠느냐? 내가 수백만 원을 계속해서 따면 내 아이디를 정지하고 탈퇴시킬 놈들이고. 적발되면 보상

없이 사이트를 닫을 놈들이다."

"경험이 있으셨군요."

호찬은 전귀가 분노하고 있는 이유를 알 수 있었다.

큰돈을 벌 수 있다는 달콤한 말에 현혹되어 함정에 빠졌던 지난날의 어리석은 자신에 대해 분노하고 있었다.

"내가 노하우를 정립하고 수익을 올리고 있을 때, 한 사이트를 보았지. 고액 당첨 인증을 하고 연승, 올킬이라며 자신만만한 인증을 보니 궁금했다. 내가 옳은 것인지, 틀린 것인지 비교해보고 싶었다."

전귀가 지난날을 회상하는지 눈빛이 잠시 흐려졌다.

"내가 알고 있는 배당과 달라 확인하니 불법 사이트로 이어지더군. 자신감도 넘칠 정도로 가득했으니 고배당을 만들어 베팅했다. 처음에는 당첨금을 주더군. 결과는 짐작하는 대로다."

"그런 일이 있으셨군요."

호찬이 가라앉은 목소리로 말했다.

"유료픽도 마찬가지. 수많은 베팅한 것 중에서 적중한 베팅만 인증하여 결제를 유도하지. 그만큼 적중률이 높으면 뭐 하러 타인에게 공유하겠나. 고배당, 고액 베팅에 비하면 그 결제금 모아봤자 푼돈인 것을……."

"그럼 전귀님과 사장님은 왜 절 도우신 거죠?"

전귀가 고개를 돌려 호찬을 바라보았다.

후회한다. 이제는 돌이킬 수 없는 자신의 지난날을.

이미 흘러간 과거에 얽매여 딸에게 사죄의 마음을 안고 살아가야 하는 현실이.

자신의 삶에 대한 깊은 회한이 눈앞의 청년은 겪지 않았으면 하는 마음에도 불구하고 전귀는 퉁명스레 입을 열었다.

"심심해서."

"이 세상에 대가 없는 공짜란 없다!"

인터넷, 카페, 블로그, 어플 등
분석을 위해 검색을 하다 보면
고액당첨내역을 보여주거나 **픽(조합)을 공유**해준다며
카카오톡이나 특정 사이트로 들어오도록
유도하는 글을 쉽게 볼 수 있습니다.

하지만 결국은 불법사이트나
유료사이트로 연결되어 있습니다.

⚠ 불법 베팅 사이트 유도 패턴

1. **고액 당첨 내역**을 자주 올린다.
2. 당첨픽을 준다며 **개인 연락을 유도**한다.
3. 연승, 올킬 등 **자극적인 단어**를 사용한다.
4. 대놓고 불법 사이트 화면을 보여주며
   합법과는 다른 **높은 배당 경기**들을 보여준다.
5. **특정 사이트**로 들어오도록 계속 **유도**한다.

불법 사설 베팅 사이트 총판(총판매자)들은
결국 **고객들이 돈을 잃어야 자신에게 수익이 남습니다.**

배당이 높아 불법 베팅 사이트에 혹할지 몰라도
이는 **명백한 불법 행위**이며
적중에 성공한다한들 당첨금을
제대로 지급받지 못 할 확률이 매우 높습니다.

⚠ 유료픽 결제 사이트 유도 패턴

1. 따라만 하면 큰 수익을 번다며 유혹한다.
2. 경기 분석 정보의 일부분을 보여주며 관심을 유도한다.
3. 사이트에는 적중 사진만 올려 고수익을 올리는 것 처럼 포장한다.

유료픽을 따라 그대로 베팅해서 항상 수익이 난다면
혼자서(유료픽판매자) 베팅하며 먹고 살지
다른 사람에게 유료픽을
알려주는 귀찮은 일을 하지 않습니다.

큰 돈을 벌 수 있다는 말에 순간 현혹될 수는 있으나
잠깐만 생각해봐도 쉽게 결론에 도달하는 문제입니다.

Check Point!

체육진흥투표권 합법 인터넷발매사이트
'베트맨'을 제외한 모든 베팅 사이트는
명백한 불법입니다.

운영자와 판매자 뿐만 아니라
이용자도 처벌을 받으니
절대로! **이용하시면 안됩니다!**

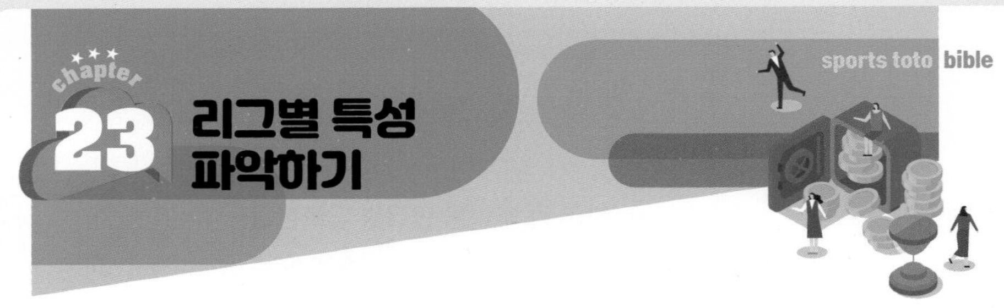

리그별 특성

"진짜요?"

전혀 믿지 않는 호찬의 물음에 전귀가 피식 웃음을 지었다.

어차피 믿는다고 생각하지 않았다. 이유를 말하고 싶지도 않았고, 말하더라도 변하는 것은 없었다.

"오늘은 리그별 특성에 관해 이야기해주마."

그래서 말을 돌렸다. 다행히 팁을 놓치기 싫은지 호찬이 눈을 번뜩이며 귀를 기울인다.

'목표가 명확하면 성장이 빠르지. 다만 자꾸 편한 길을 찾으려는 점이 문제이긴 한데.'

자신의 입이 열리기만을 기다리고 있는 호찬을 보니 자꾸만 웃음이 나오려고 했다.

"야구를 분석한다고 생각해 봐라. 국내 야구인 KBO는 타격력이 우세한데 반면, 투수력이 나빠서 다른 리그에 비하면 점수가 많이 나는 리그이다. 그에 반해 일본 야구는."

"투수력이 상대적으로 우세해서 점수가 많이 나지 않는군요."

"그렇지. 이처럼 같은 종목 안에서도 리그별로 다른 특성을 파악할 수 있는 눈이 필요하다."

호찬이 이해했다는 듯 고개를 끄덕였다. 그리고 자신이 제일 좋아하는 스포츠인

축구를 떠올리며 물었다.

“축구도 마찬가지겠네요. 리그마다 평균 득점 수가 차이가 나니까 언더 · 오버 베팅을 할 때 참고할 수 있겠어요.”

“19/20 시즌 기준 스페인 리그인 라 리가의 평균 득점 수는 2.48골이지만, 독일의 분데스리가는 3.21골로 작아 보이지만 상당히 큰 차이지.”

“축구는 언더 · 오버 베팅 기준이 2.5이니 더 참고할 수 있네요.”

편한 길만 찾는 어리석은 녀석이 나름 공부를 했나 보다. 제법 머리가 돌아가는 놈이니, 자기 편해지자고 쉬운 길을 찾으려고 하는 것이 눈에 훤히 보인다.

“득점력만 있는 것이 아니다.”

“몸싸움도 있겠네요. 리그나 심판이 몸싸움에 관대해서 휘슬을 불지 않는지 파악해야죠. 또, EPL의 박싱데이처럼 일정이 빡빡한지도 봐야죠.”

“상위권과 하위권 팀과의 전력 차도 확인해야 한다. 이렇게 사소해 보이는 정보가 쌓이고 쌓여서 분석의 적중률을 올려주기 마련이지.

전귀의 목소리에는 높낮이는 없었지만, 그 안에는 이전과 다르게 일말의 분노조차 섞이지 않았다.

오히려 자신이 가르쳐 주지 않은 부분도 빠르게 눈치 채는 점이 마음에 들었는지 입가에 작은 미소가 걸려 있었다.

분석을 하기에 앞서

종목별 특성을 파악하는 것도 중요하지만
리그별 특성을 파악하는 것을
놓치시면 안됩니다.

야구로 예시를 들자면

국내야구 KBO	**일본야구 NPB**
· 타격력 우세 · 투수력 나쁨 ▼ 점수가 많이 나는 **타고-투저** (타자의 비중이 큼)	· 투수력 우세 ▼ 좀처럼 점수가 나지 않는 **투고-타저** (투수의 비중이 큼)

축구로 예시를 들자면

수비적

- 2.48골 스페인 라리가
- 프랑스 리그1 2.52골
- 2.72골 잉글랜드 프리미어리그
- 이탈리아 세리에A 3.04골
- 3.21골 독일 분데스리가

공격적

19/20시즌 기준
경기당 평균 득점수

이처럼 종목은 같아도
각기 다른 **리그별 특성**이 있습니다.

이를 참고하여 분석에 활용하여야 합니다.

경기 내용적인 분석도 중요하지만
큰 틀에서의 **리그별 특성 파악**을
간과하시면 안됩니다.

단순하게 **득점만 보는 것이 아니라**

✔**몸싸움**에 관대한 리그인지
✔**일정**이 타이트한 리그인지
✔상위권 팀과 하위권 팀의
전력차가 크게 나는지(**리그평준화**) 등

많은 것을 참고하여야
보다 정확한 리그별 특성 파악이 가능합니다.

인턴 김진아

폭풍전야.

새빨갛게 붉어진 얼굴로 자리로 돌아온 부장의 성난 모습에 전 직원이 불똥이 떨어질까 몸을 움츠렸다.

긴장되고 숨 막히는 순간, 호찬은 모니터 화면에 집중하고 있었다. 엉망진창이 된 얼굴은 본래의 모습을 거의 되찾았음에도 불구하고 부장은 호찬을 건드리지 않았다.

불쌍하게도 오늘의 타겟은 인턴, 김진아였다.

이면지 보관함에 넘쳐나는 이면지를 세절하고 있던 모습이 부장의 눈에 든 것이다.

"인턴! 회사 비품을 아껴 써야지. 재활용할 수 있는 것을 왜 아깝게 세절하고 있어?"

"이주임님이 시키셔서……."

"어디서 말대꾸야! 요즘 젊은것들은 허구한 날 남 탓밖에 할 줄 몰라."

자신이 받은 스트레스를 풀기 위한 트집이었다.

진아의 가녀린 어깨가 부장의 노호성에 떨렸다.

'또 쥐잡듯이 잡네.'

술과 담배에 찌들대로 찌든 저 늙은 독사 앞에서는 사회에 이제 발을 내디딘 인턴은 공포에 짓눌린 한 마리의 쥐일 뿐이었다.

"저, 저 어른이 말하는데 어디로 가는 거야. 울긴 왜 울어? 내가 뭘 그렇게 뭐라했다고…….”

이 상황은 결국, 울음을 터뜨리며 뛰쳐나간 김진아의 뒷모습을 보며 당황한 얼굴로 주절거리는 부장으로 끝이 났다.

호찬은 자신의 자리 위에 놓인 막대사탕을 주머니에 쑤셔 넣고 슬그머니 자리에서 일어났다.

“김대리, 어디가?”

“화장실 갑니다.”

호찬의 퉁명스러운 대답에 이미 한차례 화를 토해낸 부장은 독니 빠진 뱀이었다.

지난 기억이 호찬의 뇌리에 스쳤다.

그날도 오늘과 비슷했다.

부장의 날이 선 트집에 인턴이 뛰쳐나갔다. 이미 호찬에게 화를 토해낸 부장에게 마지막 남은 티끌만한 화였지만, 사회초년생인 그녀가 견딜 정도는 아니었다.

담 배 한 대 피기 위해 옥상으로 가던 비상계단에 그녀가 닭똥 같은 눈물을 흘리며 울고 있었다. 그냥 지나치기에는 너무 안쓰러워서 달래주었던 기억이 난다.

오늘도 비상계단으로 통하는 문을 연 호찬은 찾고자 했던 그녀를 볼 수 있었다.

계단에 걸터앉아 몸을 웅크린 채 서럽게 울고 있는 모습이 마음 한켠을 불편하게 했다. 가뜩이나 아담한 체형을 지닌 그녀가 웅크리고 있으니 더욱 작아 보인다.

“정장 더러워진다.”

호찬의 말에 그녀가 고개를 들었다.

누가 봐도 미인이라 할 만큼 예쁘진 않지만, 어깨에 살짝 걸치는 단발머리에 청포도 같은 상큼한 매력을 발산하던 귀여웠던 그녀의 얼굴은 눈물로 범벅된 채 엉망이었다.

“사탕이라도 먹을래?”

호찬은 주머니에 넣은 사탕을 꺼내 진아에게 건네며 물었다.

분석을 하다 보면

최근 경기력, 부상·결장자, 홈·원정 성적 등
많은 지표(데이터)를 찾을 수 있습니다.

그렇다면 이 많은 지표 중
어느 것을 가장 먼저 보아야 할까요?

1순위로 봐야 할 분석 지표는
다름 아닌 **동기부여** 입니다!

동기부여가 없다면
최근 경기력, 부상·결장자, 홈·원정 성적 등
분석 지표의 의미가 완전히 사라집니다.

모든 것을 다 쏟아 부어서라도
어떻게든 **이겨야 하는 경기**가 있는가 하면

상황에 따라 어쩔 수 없이
버려도 되는 경기도 있습니다.

예를 들자면

월드컵 조별 예선 세 경기 중에서
이미 2승을 확보하여 **16강 진출을 확정지은 A팀**
반대로 탈락을 피하기 위해서는
무조건 승리가 필요한 B팀이 맞붙습니다.

A팀의 경우 져도 상관 없기에, 16강전을
대비하여 **주전 선수들에게 휴식을 줄 것**이고

B팀의 경우 무조건 승리하기 위해
모든 것을 쏟아 부을 것입니다.

▶ 데이터 상으로는 최근 경기력이나 전력에서
A팀이 우세할 것입니다.
하지만 주전들을 제외하고 2군 선수들을
내세울 것이기에 **세부 지표들의 의미가 사라집니다.**

그 외에도 **일정, 순위, 기록 등**에 따라
다양하게 **동기 부여**가 발생하게 됩니다.

동기부여만 보고 가도
적중률을 크게 올릴 수 있습니다.

하지만 그렇다고 하여
동기부여만 봐서는 절대 안 됩니다.

동기부여는 많은 데이터 중
우선순위가 되는 것이지
전부가 되는 것이 아닙니다.

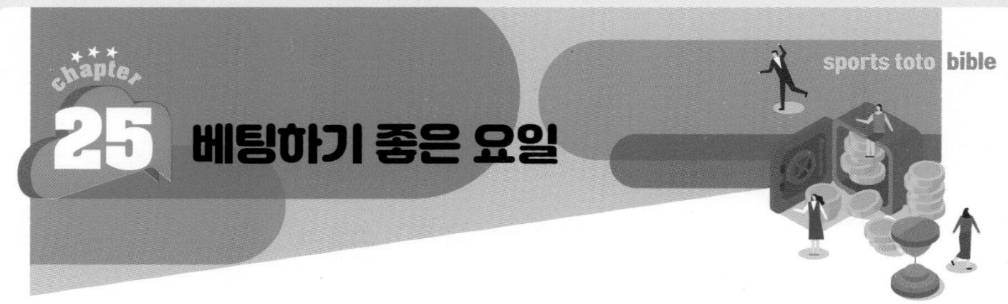

막대 사탕

동그란 안경에 묻은 눈물을 닦으며 진아는 고개를 호찬이 볼 수 없는 반대편으로 돌렸다.

눈물로 엉망이 된 얼굴은 눈물을 흘리는 것을 들킨 것보다 더 창피하다.

진아는 이전에도 이런 기억이 있었다. 이 자리에서 울고 있던 자신을 김대리가 옆에 앉아 달래주었던 일이 있었다. 그러다 김대리가 옥상으로 향하고 마음을 추스른 뒤에 깨달았다.

자신의 얼굴이 눈물로 화장이 번져 엉망이 되었다는 것을. 그 얼굴로 김대리와 마주하며 대화를 나누었다는 사실이 너무나도 창피했다.

잠 못 드는 밤, 호찬의 얼굴을 떠올릴 때마다, 이날의 기억이 자연스레 떠올라 이불을 팡팡 걷어차던 지난날의 후회가 그녀의 고개를 돌리게 했다.

"그냥 한 귀로 듣고 한 귀로 흘려버려. 깨지고 오면 스트레스 풀려고 아무나 붙잡고 뭐라 하는 거니까. 부장님은 키 160cm도 안 되는 작은 애를 왜 쥐잡듯이 잡으려고 하는지. 참 못된 사람이다. 그치?"

"160은 넘어요……."

진아가 작은 목소리로 투덜거렸다.

호찬이 쥐여 준 작은 막대사탕을 두 손으로 꼭 쥔 채 앉아 있던 진아의 귀에 호찬의 목소리가 들렸다.

"미안하다. 평소라면 나한테 성냈을 텐데 된통 깨진 면상이 불쌍했던 건지 나를 안 건드네. 독사처럼 깨물 땐 언제고 이상한 곳에서 인간미를 드러내고 있어. 평소처럼 나한테 뭐라고 하지."

"아, 안 돼요! 헉!"

호찬의 말에 자신도 모르게 큰 소리를 낸 진아가 화들짝 놀라며 자신의 입을 손으로 막았다.

"아니야. 난 이제 단련이 되기도 했고 진아씨가 우는 모습이 뭐랄까, 마음이 싱숭생숭해서. 그냥 내가 트집 당하는 게 속이 편해."

이 모습이다.

본인의 잘못이 아님에도 사과를 하며 넘기는 대범한 성격이.

어떠한 상황에도 흔들리지 않는 단단한 정신력이.

무신경한 말투로 자신의 상처를 어루만져주는 따스한 마음이 진아의 심장을 쿵쾅거리게 한다.

"아무튼, 이제 어느 정도 추스른 것 같은데 난 먼저 가 볼게. 화장실 간다고 해서 늦게 가면 변비라고 놀려댈 것 같아서. 크크"

"네."

진아는 손에 쥔 막대사탕을 만지작거리며 작게 대답했다.

"우울하고 스트레스 받을 때 단 음식 먹으면 좋다고 하더라. 사탕 꼭 챙겨 먹어. 누가 주는지 몰라도 내 자리에 매일 있더라. 고맙다고 해야 하는데 누군지를 모르니."

호찬이 떠난 후 비상계단에 홀로 남은 진아의 입에서는 아무도 못 들을 작은 목소리가 튀어 나왔다.

"그 사탕, 제가 둔 거예요."

“시즌 초·중·후반 전략을 말씀해주셨는데
그렇다면 **요일별 베팅 전략**도 있나요?”

요일별 베팅 전략?(화요일의 두산 등) **있습니다.**
하지만 실제 경기에 끼치는 영향력은 적습니다.

그렇기에 요일별 데이터를 분석하는 시간을 할애할 바엔
다른 데이터를 분석하는 것이
적중률 향상에 더 도움이 됩니다.

그러나
베팅하기에 좋은 요일은
확실히 있습니다!

국내 스포츠토토를 기준으로 하였을 때
베팅하기에 가장 좋은 요일은 **금요일** 입니다.

금요일은
주말 경기를 전부 포함하여
새로운 프로토 회차가 시작됩니다.

그리하여 **경기 수가 가장 많으며**
모든 종목, 모든 리그 경기가 **전부 진행**됩니다.

경기 수가 많다는 것은

우리가 선택할 수 있는
선택지가 넓다는 것을 뜻하며

정보의 양도 많기에
변수도 잘 캐치해 낼 수 있습니다.

그만큼 적중률 UP~!

또한 주말이 아닌 주중에는
리그가 아닌 컵 경기나 기타 대회를
많이 치르고

주말 경기는 일정하게 매번 진행되기 때문에
준비하기에 더 용이한 점도 있습니다.

프로 스포츠(Pro Sports)는
팬들이 있어야 성립합니다.

팬(관중)이 없다면
단순한 공놀이에 불과합니다.

평일보다는 주말

오해는 해소

호찬은 편의점에서 있었던 일 때문에 보답하기 위해 혜진에게 밥을 사기로 하고 만났다.

맞은 편에 앉은 그녀는 언제나처럼 눈이 부실 정도로 화사한 미모로 주변의 시선을 끌었다.

호찬의 얼굴을 꼼꼼히 살펴보던 혜진이 마침내 입을 열었다.

"이제 얼굴이 많이 괜찮아지셨네요."

"혜진씨가 많이 걱정해주셔서 그런지 빨리 나았네요."

"네?"

호찬의 말에 혜진이 놀란 눈으로 그를 바라보았다. 너무 과하게 놀라는 그녀의 반응에 호찬이 되려 당황했다.

"아, 아니 그게, 지온이가 얘기하더라고요. 혜진씨가 제 상태가 어떤지 많이 걱정한다고. 아니에요? 이 녀석이 거짓말을 하고 그래. 사람 무안하게……."

"풋."

얼굴까지 붉히며 당황하는 호찬의 모습에 혜진이 웃음을 터뜨렸다.

어느 순간 차가워졌던 그녀가 다시 보여주는 미소에 호찬의 입꼬리도 자연스레 올라갔다.

이 미소다.

세상을 아름답게 하는 밝은 미소가 숱한 풍파와 고초를 겪은 마음을 편안하게 한다.

이유는 중요하지 않다. 그냥 아름다운 미소를 보고는 자연스레 힐링이 될 뿐이다.

"지온이한테 이야기 들었어요. 아버지 일로 많이 힘드셨겠네요."

"뭐, 가끔 원망할 때도 있지만 어떤 때는 그립기도 하더라고요. 특히 그날 맞았을 때는 아버지에게 달려가서 고자질이라도 하고 싶더라고요. 크크"

호찬이 농담을 내뱉으며 웃었다. 그리고 희미하게 웃는 혜진을 향해 말을 덧붙였다.

"아무튼, 진짜로 그리워요. 이래저래 안 좋은 일을 벌이고 돌아가신 것은 맞지만 그래도 제 아버지인걸요. 살아만 계셨다면 같이 빚을 해결하고 셋이서 행복하게 살 수 있었을 것 같은데. 아쉽네요."

"호찬씨는 참 대범하시네요. 죄송해요."

"네?"

호찬은 혜진의 갑작스러운 사과에 반문했다. 고민하는 듯 잠시 입술을 잘근거린 혜진이 말했다.

"제 아버지는 돈에 미쳐서 가족을 등진 채 돈만 바라보고 사셨어요. 그런 아버지가 토토를 하셔서 호찬씨가 토토를 하는 것을 알게 되었을 때 제멋대로 오해를 했어요."

"오해요?"

"가족을 저버리고 도박에 빠진 거로 생각했어요. 호찬씨는 빚을 갚기 위한 거였는데. 다시 한 번 죄송합니다."

혜진이 자리에서 일어서서 고개를 숙였다.

"아, 아니에요. 괜찮습니다. 이렇게 이유를 말해줘서 고마워요. 이제라도 오해를 풀었으니 밥이나 맛있게 먹죠. 음식 다 식겠어요. 식으면 맛없어요."

호찬은 허둥지둥 그릇에 담긴 음식을 입에 넣었다.

"아! 뜨거워!"

"풋."

호찬의 호들갑에 가라앉은 분위기가 밝아졌다.

앞서 얘기했듯이
프로스포츠는 팬들이 있어야 진행이 되기에

종목불문 대부분의 경기가 주말에 이루어지고
일정하게 주말 경기 스케줄이 나와 있습니다.

스포츠토토를 할 때에는
선택지가 많은 것이 무조건 유리합니다.

경기수가 많다는 것은
그만큼 좋은 경기도 많다는 뜻이고

보다 더 좋은 경기를 선택하기에
좋지 않은 경기를 피해갈 수 있습니다.

또한
모든 프로팀들은 주중경기보다는
주말경기에 더 비중을 두는 편이며

팬들을 위한 다양한 이벤트, 행사도
주말 경기 위주로 열리기에
경기 중요도를 더 높게 가져갈 수 밖에 없습니다.
그렇기에 **이변이 상대적으로 적은 편**입니다.
(홈팀 기준)

주말은 경기 수가 많기에 집중 베팅 보다는
위험을 분산한 **분산 베팅**이 좋습니다.

✔속된말로, 몰빵 보다는 여러 개의 조합을
나눠서 구매하는 것을 추천합니다.

또한 경기 수가 많기에 **로또픽**도 구매하기에 좋습니다.

❗로또픽이란, 배당을 높게 설정하여 확률은 낮으나
당첨 시 로또처럼 고액 당첨금을 받는 조합법을 의미
(Chapter71 로또픽 참고)

굳이 비교를 하면
주중보다는 주말이 좋다는 것이지

꼭! 주말에 베팅하는 것만이 정답이 아닙니다.

주중에도 나름의 베팅 전략을
수립하는 것이 중요합니다.

경 대구 월드컵 경기장 개장 축
2003 대구하계유니버시아드대회

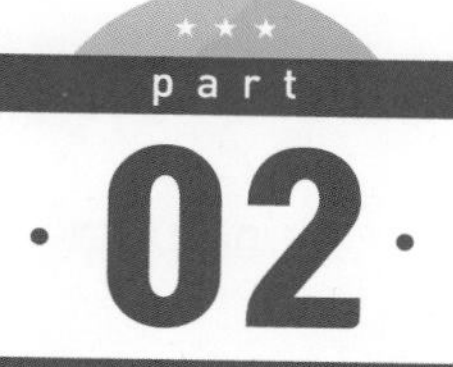

기술적인 종목별 세부 분석

★

파트 1에서 배운 기본 개념을 바탕으로 하여
기술적인 종목별 세부 분석,
야구와 축구를 자세하게 분석하는 방법 등
본격적으로 종목별 분석 기술과 분석을
어떻게 하는지 배우는 단계입니다.

27 야구 분석의 시작

전 여자친구

토요일 저녁.

우우웅.

경기를 분석하고 있던 호찬의 핸드폰에 진동이 울렸다.

전화번호부에는 없지만, 눈이 기억하는 번호다.

"여보세요."

호찬의 목소리가 떨렸다. 목소리를 떨지 않으려고 마음먹었지만 좀처럼 쉽게 되지 않는다.

"여보세요? 나야. 혹시 지금 통화할 수 있어?"

한때는 밤이 새도록 사랑을 속삭였던, 잘 익은 과실처럼 달콤했던 목소리. 한동안 잊고 지냈던 아니, 잊고자 했던 수현이었다.

"무슨 일이야?"

목소리가 여전히 떨린다.

"그냥, 생각나서. 보고 싶기도 하고. 그래서 말인데…. 우리 잠깐 만날 수 없을까? 우리 집으로 올 수 있어?"

"수현아."

호찬이 낮은 목소리로 그녀의 이름을 말했다.

떨림이 조금이나마 잦아들었다.

"미안. 진짜 이기적인 거 아는데 너무 힘들어서. 같이 있고 싶어. 부탁할게."

언제나 당당하고 자존감 넘쳤던 그녀의 부탁.

"부탁이라고……."

연애하는 동안 그녀는 단 한 번도 부탁이란 말을 입에 올리지 않았다.

호찬은 거절하고자 했다. 힘들었지만 잊는 중이었다.

그러나 한때 같은 미래를 꿈꿨지만, 이제는 상관없어졌다고 여기던 지난날의 추억이 공기 중에 떠돌았다.

안돼! 가지마! 가도 빚 때문에 결국 똑같은 결말을 맞이할 거야!

이성이 비명을 질러댄다.

"갈게."

그러나 입에서 나온 것은 승낙이었다.

말을 내뱉음과 동시에 후회한다.

"고마워. 기다리고 있을게."

그녀의 한층 밝아진 목소리를 끝으로 전화는 끊어졌다.

부탁이라잖아. 힘들다잖아.

통화가 끝나자마자 이성은 빠르게 합리화를 한다.

호찬은 옷을 챙겨입고 집을 나왔다.

차에 탄 후 시동을 걸고 익숙했던 그녀의 집으로 향했다.

국내 야구 경기(KBO)는
KBO 최대 스텟 사이트인
스텟티즈 (http://www.statiz.co.kr)
를 활용하면 다양한 데이터를
쉽고 빠르게 확인할 수 있습니다.

미국 야구 경기(MLB)는
http://espn.com 를 활용하면 됩니다.

영어를 모르신다고요? 전혀~ 상관없습니다.
요즘 인터넷이 발달하여 마우스 우클릭 한 번만 하면
바로 한국어 번역이 된답니다.

대표적인 사이트들만 알려드렸으며
이 외에도 야구 종목은 정말 많은 데이터들이 있기에
그만큼 정보 제공 사이트들도 많습니다.

스포츠 뉴스란을 활용하는 것도 좋습니다!

연도별 기록부터 시작하여

통산 기록, **홈·원정** 성적, **상황별** 성적,
최근 경기 성적, **카운트별** 성적,
좌우 타자 상대 성적…

하다 못해 **요일별** 성적, **날씨별** 성적까지

야구 종목 특성상
정말 많은 데이터들이 있기에

이를 잘 활용만 한다면
적중률을 매우 크게 높일 수 있습니다.

Check Point!

KBO는 국내 경기이기에
데이터를 찾기가 상대적으로 쉬우며
MLB는 야구 종주국 답게
정말 세세한 데이터까지 다 있습니다.

반면 **일본 야구(NPB)**는
생소하기도 하며, 데이터를 찾기 어렵고
데이터의 양이 적어
입문자분들에게는 추천드리지 않습니다.

chapter 28

세이버 매트릭스

수현

삑삑삑삑.

수현의 집 앞에 선 호찬은 자연스럽게 그가 알고 있던 비밀번호를 도어락에 입력했다.

문이 열리고 수현이 눈웃음을 지으며 현관에서부터 반겨주었다.

"왔어? 우리집 비밀번호 안 까먹었네?"

"까먹을 리가."

1210.

우리가 사귀게 된 날을 잊지 말자며 정했던 비밀번호는 여전히 그대로였다.

어깨 아래까지 흘러내리는 웨이브 진 긴 머리칼도.

반달을 그리며 환하게 웃는 특유의 눈웃음도.

백옥같이 새하얀 얼굴에 촉촉해 보이는 붉은 입술도.

그녀 너머로 보이는 모던풍의 집 안의 풍경도 모두 그대로다.

변한 것은 그녀와 자신과의 관계일 뿐.

'아니, 변한 것은 또 있다.'

이제는 여자 친구가 아니기 때문일까. 잘해주지 못한다는 미안함에 마주칠 수 없었던 그녀의 눈이 이전과 다르게 두렵지 않았다.

더 이상 그녀의 눈치를 살피지 않는 자신의 변화를 느끼고 있는 호찬에게 수현이 말했다.

"오빠, 진짜 보고 싶었어. 매일 연락할까 말까 고민하다가 오늘, 나 진짜 용기 내서 연락한 거야."

"……."

"오빠, 우리 다시 시작하자. 근데 나 진짜 오빠 못 잊는 거 같아."

"왜?"

"오빠랑 헤어지고 다른 사람과 사귀려고 해도 자꾸 오빠 생각이 나더라. 오빠랑 비교하게 되고, 오빠와의 추억이 새록새록 떠오르고, 오빠랑 헤어지고 혼자 있을 때면 자꾸 마음속이 공허해지더라."

수현의 몸이 기대듯 호찬의 품에 안겼다.

익숙했던 그녀의 향기가 코를 자극한다.

그녀의 심장이 두근거리는 것이 가슴팍에 느껴진다.

"오빠도 그렇잖아. 마음이 없었으면 우리 집 오지도 않았겠지. 맞지?"

품 안에 안겨있던 수현이 고개를 들어 호찬의 얼굴을 바라본다.

"나 키스하고 싶어."

티 없이 맑은 눈동자가 서서히 감기며 호찬의 얼굴을 향해 다가온다. 한때는 서로의 입술을 탐했던 두 사람의 입술이 가까워져만 갔다.

"수현아."

호찬이 그녀의 가녀린 몸을 밀어내며 그녀의 이름을 불렀다.

커다랗게 뜬 그녀의 두 눈을 거리낌 없이 마주치며 호찬이 입을 열었다.

"우린 이미 헤어졌어. 연인과의 관계가 풀로 붙이듯 쉽게 다시 이어지는 거 아니잖아. 생각할 시간을 줘. 힘들다고 해서 걱정돼서 온 거야."

"오빠, 여자 친구도 없잖아. 혹시 좋아하는 사람 생긴 거야? 우리 다시 시작하면 되잖아. 오빠도 이제 내 눈치 안 보고 당당하고 자신감 넘치는데 뭐가 문제야?"

"가볼게. 생각이 정리되고 연락하자."

야구 경기는
수학적, 통계학적 방법론을 도입한
세이버 매트릭스(Sabermatrics)가 발달하여

타 종목에 비해
세부적인 분석 데이터가 매우 많습니다.

대표적인 **세이버 매트릭스**의 종류로는

OPS = 출루율(OBP) + 장타율(SLG)
WHIP = 이닝당 출루 허용율
WAR = 대체 선수 대비 기여 승수
FIP = 수비 무관 평균 자책점

등이 있습니다.
용어가 어렵지만 친해지셔야 합니다.

이 외에도
맞대결 타율, 구장별 타율, 상황별 타율,
위기 관리, 구종가치, 구종구사 비율 **등**

시즌이 진행될수록 ▸ **표본이 쌓이게** 되고
▸데이터의 **신뢰도**가 높아집니다.

경기가 거듭되어 누적 **데이터가 쌓이면 쌓일수록**
✓**분석하기에 유리**하고
✓**경기 적중률**은 올라갈 수 밖에 없습니다.

따라서 필연적으로
시즌 초반, 중반, 후반의 적중률 차이가
확연하게 날 수 밖에 없습니다.

그렇기에 데이터가 부족한
시즌 초반에는 베팅을 지양하는 것이 좋으며

어느 정도 데이터가 누적이 된
최소 5월 중순부터 베팅을 시작하는 것이
좋습니다.

Check Point!

야구 종목의 시즌 초반은
3월부터 5월까지로 분류할 수 있는데

이 시기는 **해외 축구의**
시즌 후반이며 **베팅 적기**입니다.

굳이 야구 종목에 베팅을 할 이유가 없습니다.

야구는 이것만 알면 된다고?

"야구는 투수놀음이라고 하지만 그중에서도 선발 투수의 비율이 전부라고 표현해도 과언이 아니다. 아주 간단한 이유지. 선발 투수가 경기에서 가장 많은 투구를 하며 가장 많은 타자를 상대하기 때문이다."

말을 하던 전귀의 짙은 눈썹이 움찔거리며 불쾌함을 드러내었다.

마주 앉은 호찬이 딴생각하는지 듣는 둥 마는 둥 하는 태도가 마음에 들지 않았다.

"최하위 팀이라도 에이스 선발 투수가 나오게 되면 1위 팀과의 경기일지언정 정배당을 받는 경우도 종종 있지."

그래도 전귀는 계속해서 말을 이었다.

어차피 자신이 아쉬워할 일이 아니었다. 호찬이 아쉬워해야 할 일이다.

"그렇기에 타자나 불펜진도 중요하지만 선발 투수의 최근 경기력, 상대 타자와의 맞대결에 대한 기록, 홈 · 원정의 성적 등 선발 투수에 대한 데이터만 잘 분석해도 적중률을 크게 높일 수 있다."

말을 마친 전귀가 남은 커피를 한 번에 들이킨 후 잔을 테이블에 내리쳤다.

쿵.

제법 큰 소리가 났음에도 호찬이 별다른 반응을 보이지 않자 전귀가 혀를 차며 자리에서 일어섰다.

"병식아, 이놈의 정신이 다른 곳에 가 있어서 난 가보겠네. 목마른 놈이 우물 파는데 내가 이놈 붙잡고 앉아있을 이유가 없지."

쾅.

전귀가 나가면서 세게 닫은 문의 소음에 호찬의 탁했던 눈빛이 돌아왔다.

"저놈의 성질머리하고는. 나이도 먹을 만큼 먹은 놈이 기운만 넘쳐서. 자네, 무슨 일 있는가?"

"별일 아닙니다. 저도 가보겠습니다. 오늘 영 컨디션이 안 좋네요."

"자네가 가장이니 몸 관리 잘 하게. 이거 홍삼진액인데 먹고 기운 차리게. 아들이 선물이라고 보낸 물건인데 나는 홍삼이 몸에 안 받더라고."

"고맙습니다. 잘 먹을게요."

거절하려던 호찬은 점장의 단호한 얼굴에 받아들고 고개를 꾸벅 숙인 후 토토방에서 나왔다.

"하아……."

호찬이 무거운 한숨을 쉬었다.

심란해서 도저히 집중할 수 없었다.

'수현과 다시 시작하는 것이 괜찮을까?'

수현에 대한 감정이 완벽하게 정리된 것은 아니었다.

그녀가 좋아하는 사람이 생겼냐는 물음에 선뜻 아니라고 답변하지 못했다. 오히려 다른 사람의 얼굴이 뇌리에 스쳐 지나갔다.

그것이 문제였다.

'거기서 왜 그 얼굴이 떠올랐던 거야.'

답답한 마음에 호찬이 머리를 벅벅 긁었다.

야구는 투수놀음이라고 하지만

그 중에서도 **선발투수**의 비중이
전부다라고 봐도 과언이 아닙니다.

그 이유는

선발 투수가 해당 경기에서
✓**가장 많은 투구**를 하며
✓**가장 많은 타자를 상대**하기 때문이죠.

최하위팀이라도
에이스 선발 투수가 나오게 된다면

1위 팀과의 대결이라 하더라도
최하위 팀이 정배당을 받는 경우가
자주 있습니다.

(타 종목에서는 절대 있을 수 없는 일이죠.)

그렇기에 타자나 불펜진도 중요하지만

선발 투수의 **최근 경기력,**
상대 타자들과의 맞대결, 홈·원정 성적 등

선발 투수에 대한 데이터만 알고 가도
7할은 맞고 가는 것입니다.

종합하여
야구 경기를 분석할 때 우선도는

선발 > 타자 > 불펜 > 그 외

의 순서로 비중을 두는 것이 좋습니다.

Check Point!

그렇다고 오직 선발 투수만 보고 가면
낭패를 볼 수 있습니다.

비중을 높게 가져가는 것 뿐이지
가능한 모든 데이터를 활용하여
적중 확률을 높이는 것이 중요합니다.

chapter 30 방어율이 전부는 아니다

인턴의 막대 사탕 사랑

회사에 출근한 호찬은 여느 때처럼 책상 위에 놓인 사탕을 찾았다.

'오늘은 웬일로 없지?'

어느 날부터 매일 같은 자리에 놓여있던 막대 사탕이 오늘은 보이지 않았다.

호찬은 혹시나 누군가 떨어트린 것이 아닌지 바닥을 확인하던 참에 자신의 곁으로 누군가 다가온 것을 느꼈다.

"김대리, 안 좋은 아침."

"아침부터 인사가 왜 그래?"

막대 사탕을 입에 넣은 채 시무룩한 얼굴로 인사를 하는 장대리를 향해 호찬이 물었다.

"저번에 사설 사이트 보여줬잖아. 내가 최근 적중률이 괜찮아서 얼마 전에 아스날 경기에 패배로 내 용돈 전부를 걸었거든."

"아스날이 홈에서 원정팀에게 져서 역배 제대로 터졌잖아."

호찬이 지난 경기를 떠올리며 말했다.

새 감독이 부임한 아스날은 기복 있는 경기력을 보이며 이길만한 팀에게는 지고 질만한 팀에게는 이기거나 비기는 기이한 행보를 보였다.

"배당이 무려 9배였단 말이야. 그런데 총판 이 개 같은 놈들이 내가 큰돈을 따니까 아이디를 밴을 하더라고. 그런데 불법이라서 신고도 못하고 피 같은 용돈하고 충전해놓은 금액만 싹 날렸다. 그러니까 안 좋은 아침이다 이 말이야."

"저런."

막대 사탕을 와그작 씹어먹으며 말하는 장대리를 보며 호찬은 참으로 긍정적인 동료라고 생각했다.

전귀의 다그침을 무시해서 자신이 그런 일을 겪었다면 저렇게 가볍게 못 넘길 것으로 생각했다.

"그런데 왠 막대 사탕?"

쓰레기통을 향해 막대를 툭 집어 던져 넣은 장대리가 호찬의 물음에 답했다.

"아, 출근해서 지나가는데 인턴이 들고 지나가더라고. 스트레스도 받고 해서 당땅겨서 달라고 해서 받았지. 그래도 분이 안 풀리긴 하는데 어쩌겠어. "

"진아씨?"

"그래, 부장이 두 번이나 울린 그 인턴. 시무룩해서 걸어가는 모습에 돈도 없는데 사탕 한 통 사주기로 약속했다. 사탕을 엄청 좋아하나 봐"

호찬은 고개를 돌려 자리에 앉아 있는 진아를 바라보았다. 이쪽을 보고 있던 진아가 놀라며 고개를 푹 숙이는 것이 보였다.

"아무튼, 오늘은 네가 술 좀 사주라. 너 힘든 거 나도 잘 알고 있지만, 오늘은 내가 좀 많이 힘들다. 온정을 베풀어 주십시오. 전하."

"그래, 마치고 한잔하자."

"출근하자마자 술타령이야? 술 마시려고 출근하냐? 이것들아!"

"아이쿠, 부장님. 다 먹고 살자고 하는 일에 마시는 거 하나 더한 건데 어찌 그러십니까."

부장의 불호령에 장대리가 너스레를 떨며 자리로 향했다.

야구를 분석적으로 보지 않고
일반적으로 본다면

클래식 스텟인
승·방어율·타율·홈런·타점 등이
익숙하실 것입니다.

하지만 현대에는
세이버 매트릭스가 크게 발달함에 따라
클래식 스텟의 가치가 많이 떨어졌습니다.

야구 종목 베팅에 대해
제대로 이해하고 **적중률을 높이려면**
세이버 매트릭스에 **익숙해지는 것이 좋습니다.**

세이버 매트릭스에 대해 이해하고 야구 경기를 관람하면
기존과는 다른 색다른 재미를 느끼실 수 있습니다.

예를 들자면 현대에는

방어율(ERA) 보다는
수비무관 평균 자책점인 **FIP**가
좀 더 중요한 스텟으로 바뀌었습니다.

(Chapter32 투수세부스텟)

타자 스텟 역시 타율 보다
OPS가 더 중요해졌습니다.

(Chapter33 타자세부스텟)

Check Point!

이제는 클래식 스텟만이 아닌
세부 지표까지 찾아봐야 하는
시대가 왔으며, 시대가 발전함에 따라
새로운 세부 지표도
더 많이 나타날 것입니다.

chapter 31 투승타타?

티켓

온종일 콧노래를 부르며 컨디션이 좋아 보였던 장대리가 통화를 마쳤는데 안색이 파리하다 못해 종잇장 같았고 핸드폰을 쥔 손은 덜덜 떨렸다.

"뭐야, 무슨 일 있어? 하루 종일 제수씨하고 아기하고 야구장 간다고 자랑하더니."

같이 커피를 마시던 호찬이 물었다.

출근하자마자 프린트한 티켓 2장을 펼쳐 보이며 자랑했던 장대리였다.

베팅한 경기를 가족과 함께 볼 수 있다고 흥분에 젖어 소리친 것이 오늘 아침이었다.

부장의 불호령에도 헤실헤실 웃으며 넘겼던 그가 이렇게 퇴근을 앞둔 지금 패닉에 빠진 모습을 보이다니.

"애가 갑자기 열이 많이 난다네. 지금 바로 퇴근하고 가 봐야 할 것 같다."

"야야, 진정해."

큰 충격에 빠졌는지, 마시던 커피가 아닌 핸드폰을 쓰레기통에 버리려는 장대리를 호찬이 제지했다.

호찬이 장대리의 어깨를 양손으로 잡았다.

"심호흡해. 장대리. 아니, 성빈아. 너 지금 이 상태로 운전하면 사고 나겠다. 일단 진정하고. 옳지, 그렇게. 잘 하고 있어."

몇 번 심호흡하던 장대리가 놀란 가슴을 어느 정도 진정시키자 호찬이 붙잡고 있던 손을 풀었다.

"고맙다."

"고맙긴. 네가 중심을 잡지 않으면 제수씨도 힘들 거야. 조심해서 가. 큰일 아니길 빌게."

"그래."

장대리는 부장에게 다가가 사정을 말하고 퇴근 준비를 했다.

사무실을 빠져나가던 장대리가 다시 호찬에게 다가왔다.

"뭐해? 빨리 안가고."

"어차피 오늘 내가 가긴 글렀으니. 이거 너 해라. 난 간다."

장대리는 호찬의 책상 위에 티켓을 놓고 헐레벌떡 뛰쳐나갔다.

호찬은 장대리가 온종일 손에 꽉 쥐고 있었는지 약간 구겨진 티켓을 손에 쥐며 중얼거렸다.

"이걸 누구랑 가라고 나한테 주는 거야."

먼저 동생이 떠올랐다. 하지만 지온은 스포츠에 관심이 없었으며 무엇보다 오늘 친구하고 놀러 간다고 통보를 했기에 바로 제외했다.

"대리님."

"아, 진아씨."

호찬에게 진아가 붉어진 얼굴로 다가왔다.

무언가 할 말이 있는지 작은 입을 달싹이며 우물쭈물하던 그녀가 결심했는지 입을 열었다.

"저 야구 좋아해요. 저랑 같이 가면 안 될까요?"

투승타타

투승타타의 원래 뜻은
클래식 스텟 옹호자들에게서 나온 말입니다.

단순하게 말해서

투수는 **승**리, **타**자는 **타**점 이

가장 중요하다는 뜻이며
팀 승리에 가장 중요한 지표라는 뜻입니다.

하지만 근래에는 클래식 스텟보다
세이버 스텟 (**WAR, FIP, SIERA** 등) 을
더 중요시 하는 분위기 입니다.

클래식 스텟에서 **승리** 혹은 **방어율**은
투수가 잘 던져도 승리를 못 올리거나 방어율이 나쁠 수 있고
못 던져도 승리를 올릴 수 있습니다.

타율, 타점 역시
운이 많이 따르는 수치입니다.

Check Point!

클래식 스텟에 머물러 있지 말고
세이버 스텟을 **조금씩이라도 보며**
친해지시기 바랍니다.

야구장

"어, 그래. 잘됐네. 큰일이 아니라서. 누구랑 가느냐고? 진아씨랑. 아냐. 안 사귀어."

호찬은 블루투스 이어폰 너머로 한층 밝아진 장대리의 목소리에 피식 웃으며 답했다.

"아기가 괜찮아서 다행이다. 그래, 내일 보자."

"아기는 괜찮대요?"

호찬이 통화를 끊자 옆에서 잠자코 통화를 듣고 있던 진아가 물었다.

"응, 다행히 아기는 해열제 먹고 열이 내렸대. 검사 결과 별다른 이상도 없고."

"장대리님이 그렇게 당황하시는 모습 처음 봤어요."

"그러게. 부장의 맹공에도 태연히 받아치던 능글맞은 녀석이. 결혼하고 애 낳더니 어른이 됐어. 다 컸다. 장하다. 장성빈!"

호찬의 농담에 진아가 웃음을 터뜨렸다.

"그나저나 진아씨가 야구를 좋아하는지 몰랐어. 전혀 관심 없을 것 같았는데."

"아, 아니에요! 저 야구 좋아해요!"

진아가 당황하며 큰소리를 내며 외쳤다.

"좋아하면 좋아하는 거지. 왜 소리를 질러. 놀랐잖아."

호찬은 운전하며 시계를 확인했다. 빨리 간다고 가는 길이었지만 퇴근 시간이라서 영 속도가 나지 않았다.

"이러다 경기 시작하겠는데. 늦어도 괜찮지?"

"네, 괜찮아요."

호찬과 진아는 장대리가 티켓팅한 커플석에 앉았다.

"아이고. 늦어버렸네."

경기는 이미 시작되었고 기세에 눌리지 않기 위해 양 팀의 응원이 치열했다.

–날!려!버!려! 홈~런! 이대수!!

–무!적! 서울! 최!강! 서울!

응원단장을 필두로 치어리더와 팀의 유니폼을 입은 팬들이 한목소리로 응원가를 부르며 분위기를 띄웠다.

"……어요."

눈을 동그랗게 뜨며 야구장을 둘러보던 진아가 작은 목소리로 말했지만, 응원소리에 묻혀 제대로 못 들은 호찬이 그녀를 바라보며 물었다.

"뭐라고?"

"저 야구장 처음 온다고요."

진아가 호찬의 귀에 속삭였다.

"야구 좋아한다며? 정말 좋아하는 거 맞아?"

"좋아한다고 다 직접 와서 보나요. 바쁘게 살다 보면 못 올 수도 있지. 그만 놀리세요."

호찬의 익살에 진아가 볼을 부풀리며 새초롬하게 대답했다.

투수 세부 스텟 중
가장 눈 여겨 봐야 하는 것은 어떤 걸까요?

평균 자책점인 **ERA** 일까요?

ERA 는 투수의 실력을 평가하는 잣대로
널리 쓰이는 스텟이지만, **맹점이 많습니다.**

바로 **팀의 수비**와 **운**이 개입되기 때문입니다.
그렇기 때문에 정답은 아닙니다.

정답은 바로, **FIP** 입니다.

FIP 는 ERA 의 맹점을 보완하기 위해
투수의 책임 100%라고 볼 수 있는
삼진·볼넷·홈런 만을 대상으로 스텟을 만든 것이며
이를 흔히 **수비 무관 평균자책점** 이라고 합니다.

ERA와 FIP를 비교하였을 때

FIP가 더 낮다면
운이 따르지 않은 투수(A) 이고
FIP가 더 높다면
수비 도움을 많이 받은 투수(B) 라고 볼 수 있습니다.

	ERA	FIP
A선수	3.02	2.6
B선수	2.87	4.5

▶ 두 선수를 비교 해 보았을 때
방어율(ERA)은 B선수가 더 낮지만
실질적으로 A선수가 더 좋은 투수라고 볼 수 있습니다.

ERA 는 낮으나 **FIP**가 높다면 그 투수는
운이 좋아 실점을 억제하고 있었을 뿐입니다.
언제든지 무너질 가능성이 있는 투수라고 볼 수 있습니다.

(물론, FIP 역시 완벽한 스텟은 아니며 맹점 역시 존재합니다.)

Check Point!

일반적으로 본다면
표본이 쌓일수록 ERA는 결국
FIP 수치를 따라갑니다.

이를 베팅에 활용하면 매우 유용합니다.

KISS TIME

투수의 손을 떠난 공이 타자가 휘두르는 배트에 부딪혔다.

따악.

경쾌한 소리와 함께 쭉쭉 뻗어나가는 타구가 담장을 거뜬히 넘겼다.

"와아아아!"

공격팀 팬들에게서 우렁찬 탄성이 터져 나왔고 수비팀 팬들은 탄식이 절로 흘러 나왔다.

"와! 홈런이에요!"

진아가 밝게 웃으며 외쳤다.

'회사에서는 부장의 기세에 눌려서 크게 웃지도 못하더니 얘가 이렇게 밝게 웃을 수 있구나.'

호찬은 진아의 밝은 얼굴을 보며 생각했다. 열심히 응원가를 따라부르고 안타와 아웃에 일희일비하는 진아를 보니 저도 모르게 입꼬리가 올라갔다.

경기는 어느새 흘러가 클리닝 타임이 되었다.

그 시간이 찾아왔다.

키스 타임.

카메라가 한 커플을 향해 줌인했다. 전광판이 대화를 나누고 있던 젊은 연인을 비추었다.

남자는 자리에서 벌떡 일어나 카메라를 향해 꾸벅 인사를 했다. 그리고 박력 있게 여자를 확 끌어안아 진한 키스를 선보였다.

“와!”

관객의 환호성이 터져 나왔다.

호찬도 전광판을 바라보면서 손뼉을 치며 미소를 지었다.

하지만 그 미소는 오래가지 않았다.

다음으로 카메라가 비춘 것은 바로 호찬과 진아였다.

“저희는 아니에요!”

호찬이 당황해하며 커플이 아니라고 손사래를 쳤다.

그러나 짓궂은 카메라는 계속해서 호찬과 진아를 화면에 담고 있었다.

“키스해! 키스해!”

관객은 경기장이 울릴 정도로 하나 된 목소리로 소리쳤다.

이전 커플의 박력 있는 키스를 두 눈으로 본 관중은 흥과 분위기에 취해 있었다.

“우우우우!”

결국, 성난 군중의 응원 아닌 응원은 야유로 이어졌다.

살 떨리는 야유에 당황한 호찬이 어쩔 줄 몰라 진아를 바라본 순간.

쪽.

입술에 촉촉하고 부드러운 입술이 닿는다.

성난 군중의 야유는 어느새 환호성과 박수로 바뀌었다.

그리고 놀란 눈으로 자신을 바라보고 있는 진아의 모습이 호찬의 눈에 들어왔다.

“어, 어?”

투수 스텟에 FIP 가 있다면
타자에게는 OPS 수치가 있습니다.

OPS는 타율의 보완 개념이라고 볼 수 있으며
출루율(OBP)+장타율(SLG)을 의미합니다.

OPS 의 경우,

국내야구인 KBO리그에서 2010년까지만 하더라도
공식적으로 인정하는 기록은 아니었습니다.

하지만 현재는 그 가치를 인정받아
공식 홈페이지 및 각종 정보 사이트에서
쉽게 찾을 수 있습니다.

타율과 비교했을 때 OPS 는

타자의 생산성이나 **팀 공헌도**를
좀 더 잘 나타내며
계산하기에도 편리하고 **매우 직관적**입니다.

쉽게 예를 들자면
타율 .300 OPS .700을 기록하고있는 **A** 라는 선수는
높은 타율을 기록하여 팀에 공헌하는 것 처럼 보이지만
낮은 출루율과 **단타 위주의 타구**만 기록하여
팀에 큰 보탬이 되지는 않습니다.

반면 타율 .250 OPS .900을 기록하고 있는 **B** 선수는
낮은 타율을 기록하여 팀에 해를 끼치는 것 같지만
높은 출루율과 **2루타, 홈런 등 장타**를 많이 만들어
실질적으로 A 선수보다 팀에 더 높은 공헌을 하고 있다고
볼 수 있습니다.

OPS 를 **야구 분석에 반영한다**하면

현재 팀에 타율이 높은 선수가 얼마나 있느냐 가 아닌
OPS 가 높은 선수가 얼마나 있느냐 로
비교 분석하여 활용할 수 있습니다.

! 2020년 KBO리그에서 NC는 2위 두산보다
팀 타율은 낮았으나 **팀 OPS는 3푼 이상** 높았습니다. 그 결과
NC는 **정규시즌 1위는 물론 한국시리즈 우승**까지 차지하였습니다.

Check Point!

OPS 역시 완벽한 스텟은 아닙니다.
단순히 출루율과 장타율을
더한 것이기 때문에 주력에 대한 반영이나
4사구가 고평가가 되는 등
맹점이 존재하기도 합니다.

하지만 현대 야구에 접어들어
타율, 타점 같은 클래식 스텟보다는
그 가치가 높게 여겨지고 있습니다.

34 득점권 성적

오감이 생생한 기억

[죄송해요. 저는 주변에서 너무 야유를 하길레 볼 뽀뽀라도 해서 넘어가려고 한 건데. 그럴 의도는 아니었어요. 정말 죄송해요.]

호찬은 핸드폰의 문자를 바라보며 야구장에 있었던 일을 떠올렸다.

그렇게 뜻밖의 입맞춤을 뒤로 한 채 카메라는 다른 사람을 비추었다.

어색해진 둘 사이에 한참의 적막이 흘렀다. 그 적막을 깬 것은 호찬이었다.

"진아씨."

그 순간 진아는 말로 표현할 수 없을 만큼 붉어진 얼굴로 야구장을 뛰쳐나갔다.

호찬도 자리에서 벌떡 일어나 그녀를 쫓아갔다.

"죄송해요."

"뭐가 그렇게 죄송해. 카메라맨이 짓궂어서 그런 거지. 내가 잘 대처해야 했는데 못 했네. 미안하다. 많이 놀랐지?"

호찬의 사과에도 그녀는 숙인 고개를 들지 못했다.

잘 익은 사과처럼 붉은 얼굴을 호찬에게 보이기 싫었다.

"저 먼저 갈게요."

"내가 차로 태워줄게."

"괜찮아요! 혼자 가게 해주세요. 부탁이에요."

"그래, 미안하다. 조심해서 들어가."

진아의 단호한 태도에 호찬이 말했다. 그렇게 둘은 헤어졌다.

회상을 끝낸 호찬의 손이 입술을 매만졌다.

생생하다.

부드럽고 촉촉했던 입술의 감촉이.

귀를 두드리던 관중들의 환호성과 박수 소리가.

입맞춤 후 발갛게 달아오르던 진아의 얼굴이.

그리고 입술에 묻은 발간 틴트의 상큼한 향과 맛까지.

미치도록 생생했다.

호찬은 고개를 흔들며 기억을 지우기 위해 노력했다. 하지만 그런다고 해서 기억이 지워질 리 없었다.

"오늘도 제정신이 아니군. 배워야 할 것이 산더미이거늘 정신머리는 준비가 되지 않았어."

맹수가 으르렁거리는 듯한 낮고 진중한 목소리가 귀에 박혔다.

호찬이 고개를 들어 미간을 찌푸린 전귀를 보았다.

"죄송합니다. 마음이 복잡한 일이 있어서."

"야구장에서의 일 때문이냐."

"보셨습니까……."

호찬이 말끝을 흐렸다.

되도록 모든 경기를 챙겨 보는 전귀가 경기를 놓칠 리 없었다. 다만 키스 타임까지 봤다는 것이 의문이었다.

"남녀가 입맞춤할 수도 있는 거지. 뭘 그렇게 신경 쓰느냐. 혹시 처음 해본 거냐?"

전귀가 한쪽 입꼬리를 슬며시 올리며 비웃었다.

"아닙니다!"

(피)득점권에서 강한
클러치 히터? 강심장 투수? 는
실제로 존재할까요?

있을 법도 하지만
체감하는 것과는 다르게

사실 데이터상으로는
(피)득점권에 강한 선수란
존재하지 않습니다.

그저 '운' 일 뿐입니다.

타자가 득점권에서 **더 집중해서 타격한다** 하여
더 좋은 타격이 나오는 것이 아니듯이

투수가 위기에서 구속을 끌어올리거나
신경을 쓴다하여 피안타를 막을 수 있는 것이
아닙니다.

표본이 많아지면 많아질수록 결국
(피)타율과 **(피)득점권타율** 성적은 **비슷해집니다.**

(피)득점권 성적을 가지고
베팅에 활용하는 것은
좋지 못한 습관이라고 볼 수 있습니다.

야구 낮 경기

독촉 문자

우우웅.

호찬은 새로 온 문자를 확인하고는 미간을 찌푸렸다.

[김호찬 고객님. 금일 이자 납부 미납으로 문자 보냅니다. 확인 후 입금 부탁드립니다.]

지긋지긋한 독촉 문자.

벗어날 수 없다.

빚이라는 거미줄에 걸린 아버지는 죽음으로 위기를 벗어났지만, 자신은 옴짝달싹하지 못하게 꽁꽁 묶여버린 신세였다.

호찬은 신경질적으로 핸드폰을 두드려 계좌에 돈을 보냈다.

“하아…….”

호찬이 양손으로 지끈거리는 머리를 감싸며 가슴 속 응어리를 한숨으로 토해내었다.

우우웅.

핸드폰이 다시 진동했다.

[개새끼]라고 저장된 번호가 보낸 문자였다.

[김호찬 고객님. 그때 이후로 건강하게 잘 지내고 있는지 모르겠네. 그러게 사람을 잘 보고 덤벼야지. 괜히 몸만 상하고 불쌍하게. 요즘 벌이가 좋나 보네? 원금도 잘 갚는 거 보니 내가 다 기분이 좋아. 앞으로도 그렇게 잘 좀 갚자. 진작 다 갚았

으면 이런 일도 없었잖아.]

보고만 있어도 기분이 가라앉았다.

신경 쓰이는 일이 한둘이 아닌 데 사채업자까지 머리를 지끈거리게 했다.

"오빠, 왜 그래? 무슨 일 있어?"

지온의 걱정스러움이 묻어나오는 물음에 호찬이 인상을 풀며 억지로 웃음을 지었다.

"아니, 괜찮아. 신경 쓰지 마."

"얼굴에 빚 때문이라고 다 쓰여 있는데 아닌 척하는 거야?"

"아닌데? 날카로운 척하지 말고 가서 공부해. 내일이 수능이니까 다른데 신경 쓰지 말고."

중요한 날을 앞둔 동생이 수능에 집중할 수 있도록 호찬이 화제를 가볍게 전환했다.

"걱정하지 마. 나 수능 끝나고 바로 일해서 오빠 도와줄게."

빈말이어도 고마운 말이었다.

하지만 수능은 전혀 안중에도 없는 듯한 동생의 태도가 호찬에게서 퉁명스러운 말이 나오게 했다.

"시끄러워. 약속했지? 수능 때 자신 있다고 했다. 그것 때문에 편의점 알바 허락한 거니까 시험 망치기만 해봐. 바로 내쫓을 거야."

호찬이 으름장을 놓았다.

국내 야구인 **KBO** 뿐만 아니라
NPB, MLB 모두
저녁 경기를 기본으로 하고 있습니다.

야구 같은 경우
평일에도 경기를 하는 데일리스포츠 이기에
관중들이 입장하고 시청할 수 있는
퇴근 시간 이후인 저녁에
경기를 펼치는 것입니다.

그리하여 야구는
저녁 경기가 일반적이지만
공휴일이나 **주말** 혹은 **일정상의 이유**로
낮 경기를 치를 때도 있습니다.

야수들의 실책도 많아지며
투수 역시 데이터를 분류할 때
Day(낮)와 Night(밤)를 구분할 정도로
그 차이가 확연하게 있습니다.

낮 경기에 특별히 약한 선수도 있으며
강한 선수도 있습니다.

낮 경기일 경우
Day & Night 성적을 꼭 참고하여
베팅에 활용하시길 바랍니다.

D-DAY

학창시절 동안의 고생이 결실을 맺는 날.

작은 소리조차 예민하게 반응할 수밖에 없으며, 극한의 집중력을 유지해도 만족할 수 있는 결과를 만들어내기 힘든 수능.

시험이 끝난 후.

만족할만한 시험이 아니어서 눈물을 터뜨리는 수험생도.

그간의 고생이 하루 만에 끝났다는 허탈감에 헛웃음을 짓는 수험생도.

앞으로 펼쳐질 미래에 대한 기대감에 들뜬 모습을 감추지 못하는 수험생도.

오매불망 자식이 나오길 기다리던 학부모도 공존하는 그곳에 그녀가 있었다.

어깨 아래까지 내려오는 칠흑같이 어두운 흑발이 바람에 가닥가닥 흩어졌다. 조금 내려간 눈꼬리는 그녀의 얼굴을 한층 선해 보이게 했고 잡티 하나 없는 뽀얀 얼굴은 추위에 약간 붉어져 그녀의 미모를 한층 돋보이게 했다.

"언니!"

자신이 알고 있는 카랑카랑한 목소리에 고개를 돌려 목소리의 진원지를 바라보았다.

교복 위로 두꺼운 코트를 입은 채, 밝은 미소를 지으며 손을 머리 위로 크게 흔드는 지온이 보였다.

"언니, 기다려줘서 고마워. 기다리는 동안 안 추웠어?"

성큼성큼 다가온 지온이 혜진의 품에 와락 안겼다.

"고생했어, 지온아. 시험은 잘 친 것 같아?"

"응, 미련 없이 잘 치고 왔어."

혜진이 지온의 작은 머리를 쓰다듬으며 묻자 지온이 고개를 끄덕였다.

"우리 맛있는 거 먹으러 갈까? 뭐 먹고 싶은 거 있어?"

"떡볶이! 언니, 우리 떡볶이 먹자."

"그래, 떡볶이 먹자. 맛있는 곳 알고 있으니 거기로 가자."

"응응!"

혜진은 지온과 손을 맞잡고 걸었다.

손이 따뜻하다. 거리낌 없이 자신에게 다가와 애교를 부리는 모습이 미소를 짓게 하고 자신을 친언니처럼 잘 따르는 지온이 마치 오랜 시간을 같이 지낸 동생같이 느껴졌다.

그래서 지온의 부탁에 시간을 내서 지온이 시험을 마치고 나오길 기다렸다.

"언니."

"왜?"

"난 언니가 참 좋다."

"나도 좋아."

지온의 뜬금없는 고백에 혜진이 빙긋이 웃으며 말했다.

정류장에 도착하고 버스를 기다리던 혜진이 문득 물었다.

어떻게 해서든 이 자리를 함께하고자 했을 사람이 보이지 않았다.

"호찬씨는?"

"오빠, 오늘 야근이래. 독사한테 잘못 걸렸다면서 미안하다고 하던데. 왜? 언니, 오빠가 없어서 아쉬워?"

"뭔 소리야. 그냥 안 보여서 물어본 거야."

야구는 공인구를 손볼 때도 있으며
자잘한 규정이 자주 바뀌는 편입니다.

또한 수비 시프트, 타구 발사 각도 등
타 종목에 비해
전략 · 전술도 자주 바뀌는 편입니다.

그리하여
타 종목도 마찬가지지만, **야구**는 더더욱
매년 똑같은 방식으로 분석하면 안됩니다.

KBO의 경우
타고투저의 시즌이
계속되고 있으며

NPB의 경우
여전히 **투고타저**
시대 입니다.

MLB 는
최근 **타고투저** 현상을 보이면서
홈런수가 크게 늘어났습니다.

야구는 **유행에 민감**하며
시즌별로 분석법을 다르게 구성해야 합니다.

Check Point!

야구는 경기 시간을 1분이라도
줄이기 위해 규정을
매년 손보고 있습니다.

그에 따라 전략·전술도 달라지는 만큼
트렌드에 순응하여 큰 흐름을 놓치지
않고 잘 따라가야 합니다.

파크팩터

"구장이 투수에게 유리한지 타자에게 유리한지 확인하고 싶거든 파크팩터를 확인해라."

"파크팩터요?"

"구장의 성향을 나타내는 지표로 각각의 구장이 타자 · 투수별 유불리를 알 수 있는 자료다. 고맙네."

"고맙습니다."

전귀와 호찬이 점장이 건넨 커피를 받아들며 감사를 표했다.

전귀가 키보드를 두들기며 모니터에 자료를 띄웠다.

구장별로 각종 지표와 함께 파크팩터 수치가 적혀 있었다.

"기준은 1이다. 1보다 크면 타자에게 유리한 구장이고, 1보다 작으면 투수에게 유리한 구장이지."

"KBO 기준으로 청주 구장이 득점 파크팩터가 가장 높네요."

"홈런 구장이라고 불리는 이유가 거기서 드러나는 것이지. 구장 크기가 작으니 당연한 수치다."

하얀 김이 나는 커피를 호록 마신 후 전귀가 나지막이 말했다.

"반대로 구장이 가장 넓은 구장은 투수에게 유리하네요. 잠실 구장이 1위네요."

"이 자료를 가지고 어떻게 활용하면 좋을지 말해봐라."

전귀의 지시에 잠시 고민하던 호찬이 입을 열었다.

"땅볼이 아닌 뜬공을 많이 맞는 유형의 투수가 선발로 나올 때, 파크팩터가 높은 구장이라면 홈런을 평소보다 더 많이 맞을 수 있겠네요. 그리고 언더 · 오버 베팅에도 활용할 수 있겠어요."

전귀는 호찬의 대답에 만족한 듯 고개를 끄덕였다.

"이제 야구는 제법 분석하는 눈이 생겼군. 야구는 이걸로 끝내지."

"네?"

"어차피 KBO는 우승팀도 나왔지 않느냐. 물고기를 다 잡은 저수지에 낚싯대를 놓는다고 물고기가 잡히겠느냐. 더 많은 물고기가 있는 저수지로 자리를 옮겨야지. 이제 축구에 대해 알려주마."

호찬의 얼굴이 밝아졌다.

야구도 좋아하는 스포츠이긴 했지만 아무래도 축구가 제일 끌리는 종목이었다.

예술적인 패스 플레이.

화려한 개인기.

수비수를 제치는 날랜 드리블.

골망을 흔드는 호쾌한 슛까지.

호찬은 심장이 빠르게 뛰는 것을 느꼈다.

"좋아하기에는 아직 이르지 않을까. 좋아하는 스포츠라고 어쭙잖게 달려들었다가 다 잃고 떠나는 녀석들을 많이 보았지."

"전귀님과 함께인데 무엇이 두렵겠습니까? 전 두려움이란 감정을 모릅니다."

호찬이 씨익 웃으며 말했다. 그 웃음에는 자신감이 충만했다.

▸**파크팩터**를 확인하면 알 수 있습니다.

야구 경기를 하는 **구장의 성향을 나타내는 지표**로
각 구장의 타자 투수별 유불리를 알 수 있습니다.

1 을 기준으로 하며
1보다 크면 **타자**에게 유리하며
1보다 작으면 **투수**에게 유리합니다.

즉, **1이라면 중립적인 구장**이라는 뜻

KBO 기준으로는

청주구장과 **라이온즈파크**가
타자친화구장이며

투수친화구장은 **잠실·마산·문수 야구장**을
꼽을 수 있습니다.

MLB 기준으로는 '투수들의 무덤' **쿠어스 필드**가
파크팩터가 가장 높은 **타자친화구장**이며

투수친화구장은
샌프란시스코의 홈구장인 **오라클 파크**입니다.

이를 분석에 접목시키자면

땅볼이 아닌 **뜬공 유형**(피홈런이 많은)의
투수가 선발로 나올 시
높은 파크팩터의 구장에 가면 홈런을
평소보다 더 많이 맞게 된다는 것을 알 수 있습니다.

▸ 이런 방식으로 **파크팩터를 활용**하면
적중률을 올릴 수 있습니다.

Check Point!

파크팩터는 **매년 변동**되기에
전체 순위는 따로 언급하지 않습니다.

전체 구장 순위는
인터넷에 파크팩터 순위를 검색하면
쉽게 찾아보실 수 있습니다.

축구 분석의 시작

술기운에 취해

[오빠, 나 오늘 친구집에서 자고 간다. 파자마 파티할거지롱.]

지온의 문자를 확인한 호찬이 피식 웃었다.

"수능 끝나고 일해서 돕는다는 사람은 어디 가고 매일 놀기 바쁜 한량이 나타났어."

딩동.

집에서 전귀가 알려준 사이트들을 이리저리 둘러보며 자료를 정리하던 호찬의 귀에 초인종 소리가 들렸다.

호찬이 인터폰 너머로 보이는 사람을 확인하고 깜짝 놀라며 문을 열었다.

문을 열자마자 훅 들어오는 술 냄새에 호찬이 미간을 찡그렸다.

"웬 술을 이렇게 마셨어. 마시지도 못하는 술을."

"오빠, 나야. 헤헤."

술을 얼마나 마셨는지 코를 찌르는 술 냄새를 풍기며 수현이 혀가 꼬부라진 소리를 내며 배시시 웃었다.

"오빠, 많이 보고 싶었어."

수현이 양팔을 벌리며 호찬에게 안기려 했지만, 호찬의 제지에 막혔다.

"아, 왜애."

"너 많이 취했어. 밤늦게 이게 뭐 하는 짓이야."

“나 많이 힘들어. 전에도 나 많이 힘들다고 했잖아. 오빠, 한 번만 안아줘. 부탁이야.”

호찬은 수현의 양 팔을 잡으며 수현을 막았다. 그러나 170cm가 넘는 키에 필라테스로 다져진 탄탄한 체형의 그녀가 술기운으로 밀어붙이자 막을 수 없었다. 아니, 부탁이란 말에 잡고 있던 손에 힘을 풀었다.

“헤헤. 오빠 냄새 좋다.”

품 안으로 파고든 수현이 배시시 웃었다. 그리고 고개를 들어 호찬을 바라보았다.

“오빠, 키스하고 싶어.”

발을 들어 얼굴을 가까이 한 수련과 호찬의 얼굴 사이에 불쑥 손이 끼어들었다.

졸지에 손바닥에 입맞춤한 수현이 고운 얼굴을 찡그렸다.

“왜 그래? 다른 여자랑은 하면서 나는 안돼?”

“뭐?”

“오빠, 원래 내 거잖아. 내가 하는 말을 들어주었던 이 귀. 나를 항상 담고 있던 이 눈. 내 향기를 맡았던 이 코. 나에게 사랑한다 말해주었던 이 입. 전부 다 내 거였는데. 왜 안돼?”

수현이 호찬의 이목구비를 하나하나 집으며 말했다.

“수현아, 네가 헤어지자고 했잖아.”

“야구장의 그년 때문에 그래? 우리가 헤어진 그 짧은 시간에 날 잊고 다른 여자랑 사귄 거야?”

“그런 거 아니야. 사귀는 사이도 아니고.”

“난 오빠 보고 싶어서 다른 남자도 못 만나고 이렇게 힘든데.”

털석 주저앉은 수현이 눈물을 흘렸다.

“나 이기적인 거 나도 알아. 그래도 난 오빠 힘들 때 계속 옆에 있었잖아. 오빠는 왜 내가 힘든데 자꾸만 밀어내는 건데? 왜?”

축구 분석에 유용한 사이트를
몇 가지 알려드리자면
대표적으로 '**싸커스텟츠**' 가 있습니다.
(https://www.soccerstats.com)

▶유럽 5대 리그는 물론, K리그, J리그까지
모든 리그·팀별로 다양한 축구 스텟을 찾을 수 있습니다.

'**후스코어드닷컴**'
(https://whoscored.com)

▶경기 기록지, 부상-결장자, 팀 별 뉴스,
예상 선발 라인업, 예상 스코어 등을
확인할 수 있습니다.

▶해외 배당, 맞대결성적, 최근 폼,
홈·원정 성적 등을 알 수 있는
'**벳익스플로러**'
(https://www.betexplorer.com)

▶다음 경기 일정, 심판, 대회별 기록,
스쿼드 등을 찾기에 좋은
'**싸커웨이**'
(https://soccerway.com)

눈으로만 보아도 어떤 정보를 표시해 놓은 것인지
알 수 있게, **직관적으로 표현해 놓은** 사이트를
위주로 나열하였습니다.

그렇기에 영어를 잘 모르신다 하여도
큰 어려움은 따르지 않습니다.

사실 해외 사이트를 제외하고
국내 스포츠 뉴스 혹은 **betman 홈페이지** 안의
경기 정보 카테고리만 잘 활용하여도
분석에 충분한 정보를 얻을 수 있습니다.

정보를 찾는 것도 중요하지만
그 정보를 어떻게 해석하고
어떤 방식으로 활용하느냐가
더 중요합니다.

최근 경기력

운동이라도 할 걸 그랬어

울다 지쳐 잠든 수현을 안아 들은 호찬이 힘겹게 그녀를 침대에 내려놓았다.

170cm이 넘는 큰 키의 그녀는 술에 만취해서 축 처진 탓에 쉽지 않았다.

"평소에 운동을 열심히 할 걸 그랬네."

처음에는 집에 데려다주려고 했으나 안아 들고 몇 발자국 걷는 순간 자신에게 힘든 일이라는 것을 알아버렸다.

수현이 입고 있는 외투를 벗겨준 호찬이 그녀에게 이불을 덮어주었다.

"오빠……."

잠에 취한 수현이 잠꼬대를 하는지 작은 목소리로 웅얼거렸다.

잠시 숨을 고르던 호찬이 찬찬히 그녀의 얼굴을 바라보았다.

흐트러진 머리칼이 살짝 가린 백옥같이 새하얀 얼굴은 술로 인해 발그레했다. 말랑말랑해 보이는 붉은 입술은 얕은 숨을 내뱉고 있었다. 한참을 울어 조금 부은 눈조차도 여전히 아름다웠다.

심장이 제멋대로 쿵쾅거리기 시작한다.

변함없이 예쁜 그녀의 모습을 보니 지난 추억들이 기억의 저편에서 돌아와 존재감을 드러낸다.

장미처럼 향기로웠고 꿀처럼 달았던 입술에서 시선을 떼기 힘들다.

짝.

호찬은 양손으로 자신의 뺨을 때렸다.

얼얼한 정도의 충격에 번쩍 정신이 들어 호찬은 방에서 나왔다.

“미치겠다, 진짜.”

여전히 그녀를 사랑하는 감정이 남아 있다.

사람을 좋아하는 감정이 쉽사리 사라지지 않는 것은 당연하다.

그녀 또한 마찬가지다.

자신에게 실망해서 떠났지만, 빈자리를 느끼고 계속 그리워한다.

언제나 가까이 있어서 몰랐을 것이다.

그곳에 있는 걸 당연하다고 여길 정도로 익숙했던 사랑은 떠나고 나서야 뒤늦게 지독하리만치 끈질기게 심장을 후벼 판다.

아직도 호찬의 마음속에 수현이 자리 잡고 있다.

이 사실을 반박할 수 없었다.

호찬은 책상 앞에 앉아 모니터를 바라보았다.

수현이 오기 전까지 집중해서 자료를 분석하던 화면이 띄워져 있었지만, 심난한 호찬의 눈에는 들어오지 않았다.

‘집중해. 멍청아. 이 모든 일의 원인인 빚을 해결하려면 집중하라고.’

호찬은 자신을 질책하며 흐트러진 집중력을 끌어올렸다.

각 팀의 **최근 경기력**만
정확히 파악해도
베팅에 있어 절반은 먹고 들어간다고
볼 수 있습니다.

하지만 **경기력**이라는 것은
지표로 표시가 되어있지 않습니다.

그렇다면 경기력을 알려면
모든 경기를 다 시청해야 하는 걸까요?

이는 물리적으로 불가능합니다.

어떻게 해야 할까요?

▶ 다행히도 최근 경기력을 **간접적으로나마**
알 수 있는 지표가 존재합니다!

바로 최근 5경기, 최근 3경기 성적이며
야구로 치면 최근 5경기 타율·방어율 등 입니다.

일명 **폼**(Form) 이라고도 합니다.

통계 사이트나 스텟 사이트에 가면
쉽게 확인할 수 있는 지표이며
최근 경기력의 척도가 되는 만큼
활용을 잘 해야 합니다.

특히 축구 경기에서 활용도가 높습니다.

Check Point!

경기 결과에 있어 **최근 경기력**은
큰 영향을 끼칩니다.

그런만큼 분석에 있어
폼(Form)의 비중을 높게 두어야 합니다.

40 홈·원정 성적

입술 자국

언제 잠이 들었을까. 책상 앞에 엎드린 채 잠들었던 호찬이 찌뿌드드한 몸을 일으켰다.

스트레칭을 하며 굳은 몸을 펴던 호찬이 책상 위에 놓인 메모를 발견했다.

[오빠, 미안. 내가 실수한 거 없지? 기억이 끊어져서 내가 무슨 말을 했는지 모르겠다. 이런 식으로 찾아가면 안 됐었는데 술 때문에 실수했네. 오빠, 아직 여자 친구 없으면 나한테도 기회가 있는 거 맞지? 처음부터 시작하자. 전 여자 친구가 아니라 썸녀로.]

립스틱으로 붉은 입술 자국까지 남긴 수현은 이미 떠나고 없었다.

"기억이 끊기긴. 여자 친구 아니라는 말까지 다 기억하고 있으면서."

호찬은 토토방으로 향했다.

이미 토토방 안에는 중년 남성이 점장과 대화를 하고 있었다.

빈 자리를 찾아 자리에 앉은 호찬이 둘의 대화를 지켜봤다.

"회사 다니기 참 지랄 맞은데. 사장님처럼 저도 토토방이나 차려야겠어요. 토토도 하고 돈도 쉽게 벌고, 재밌게 살 수 있잖아요. 워라벨인가."

"뭐 직장생활보다 편하다고 단언할 수 없지만, 이 일도 생각하는 것처럼 마냥 편한 일은 아닐세."

"뭐가 아니에요. 이렇게 앉아서 저 같은 사람들이 베팅하는 돈 받고 스포츠 경기 좀 챙겨보면 되겠는데. 제가 근처에 차려서 손님 뺏을까 봐 그래요?"

남성의 무례한 태도에도 불구하고 점장은 웃는 인상을 풀지 않았다.

"자네, 오늘 휴무여서 아침부터 오지 않았나. 나는 주5일제는 꿈에도 못 꾸고 1년 365일 매일 아침 일찍 가게 오픈하고 베팅 마감 시간까지 일하다가 청소하고 퇴근하면 11시라네."

"그래도 돈은 쉽게 벌잖아요. 저처럼 10만원씩 베팅하고 가는 사람 많잖아요."

"후……."

인내심이 바닥이 난 점장이 한숨을 내뱉었다.

"그 10만원 팔아도 나한테 떨어지는 건 고작 5퍼라네. 하루에 백만원 팔아봤자 5만원이지. 그 5만원마저도 이거 떼고 저거 떼면 4만원도 안되네."

"……."

"한참을 앉아있다가 자네같이 10만원 베팅하고 가면 양반이지. 3시간 동안 앉아 있어서 화장실도 못 가고 기다렸더니 천원, 이천원 베팅하는 사람도 있네. 도움이 될까 싶어 참고자료 프린트하면 그거 보고 틀렸다고 쌍욕을 퍼붓는 사람도 있었지."

점장이 평소에 쌓인 설움에 떨리는 목소리를 토해내었다.

"토토방, 근처에 차려도 되네. 차려서 한번 겪어보게. 자네 말처럼 쉽게 돈을 벌 수 있는 일인지 아닌지."

홈·원정 성적, 일명 Home&Away 가
경기 결과에 끼치는 영향은
어느 정도 일까요?

우선 종목별, 리그별로 그 비중이 다르긴 하지만
결과에 끼치는 영향력 만큼은
확실히 존재한다고 볼 수 있습니다.

이유는 익숙한 경기장, 이동 거리, 관중 응원,
심판 홈콜, 기후, 지리 등 다양합니다.

그렇기 때문에 다 같은 조건으로
분석을 하면 안되고

종목·리그별로 가중치를 다르게 주어야 합니다.

예를 들어

야구, 농구 같은 경우는
이동거리와 기후, 지리 등에
큰 영향을 받는 편입니다.

축구 는 관중들과 구장 분위기에
큰 영향을 받습니다.

▶ 맨체스터utd 의 홈구장 올드트래포드 등
홈 팬들의 응원이 열광적인 팀 일수록
홈 이점이 더욱 커진다고 볼 수 있습니다.

Check Point!

실제로 **축구** 같은 경우
코로나 사태 이후 무관중 경기가 계속해서
펼쳐 졌을 때, 과거보다 원정팀의
승리 확률이 대폭 상승하는 것을
데이터로 확인할 수 있었습니다.

41 베팅은 홈팀 위주로

커피 맡겨놨나?

묵묵히 둘의 대화를 듣고 있던 전귀가 남성을 향해 다가섰다.

인내심이 바닥을 찍을지언정 거친 말은 하지 않았던 점장과 달리 전귀는 가차없이 쏘아붙였다.

"베팅 안 할 거면 꺼져. 자리 차지하고 있지 말고."

"뭐요!"

전귀의 말에 남성이 발끈해 소리쳤다.

그러다 이내 전귀가 주는 압도적인 기세에 주눅이 들 수밖에 없었다.

떡 벌어진 어깨에 훤칠한 키.

먹이라도 칠한 듯 짙은 눈썹과 그 밑에 자리한 부라리고 있는 맹수의 눈.

굳게 다문 입에서 맹수가 으르렁거리는 듯 낮고 소름끼치는 목소리가 흘러나왔다.

"불만 있으면 말해라. 아니면 꺼지고. 나도 베팅해야 하니까."

"말 안 해도 어차피 갈 참이었다. 사장님. 다음에 올게요."

남성이 전귀의 눈살에 쭈뼛거리며 가게를 빠져나갔다.

그 뒷모습을 지켜보던 전귀가 호찬의 맞은 편에 털썩 앉았다.

"그냥 꺼지라고 하면 간편할 것을 왜 일일이 말하고 있나. 저런 놈들 붙잡고 말해봤자 입만 아프지."

"자네가 저런 놈들이라고 말하는 사람이라도 있어야 이렇게 가게를 운영할 수 있다네. 자네가 마시는 커피값이 얼만 줄 아는가?"

"쩨쩨하기는. 얼마나 마신다고. 가서 커피나 내오게."

"누가 보면 커피 맡겨두고 찾아가는 줄 알겠네?"

점장이 툴툴거리면서 커피를 준비했다.

"왜 쳐다보냐."

전귀가 자신을 바라보는 호찬을 향해 퉁명스레 말했다.

"그냥요."

호찬이 말했다. 무신경한 어조로 주변을 대하는 것 같은 전귀지만, 점장에게 대할 때는 감정이 묻어 나오는 것이 느껴졌다.

지금도 점장이 스트레스를 받던 상황을 직접 나서서 끝내고자 하는 모습에 그들의 우정이 느껴져 웃음을 짓게 했다.

"싱거운 녀석. 정신 나간 것처럼 실실 웃기는."

"오늘은 뭘 가르쳐 주실 겁니까?"

전귀의 쏘아붙이는 말에도 호찬이 빙긋이 웃으며 물었다.

처음 대화했을 때처럼 여전히 날이 선 전귀의 말이었지만 속에는 따스함이 묻어 나오는 것을 느낄 수 있었다.

"이놈이 제집 드나들듯 들락거리더니 여기를 홈그라운드처럼 여기는구나. 자신감이 흘러넘쳐서 겁을 상실했구나."

"하하."

"적중률을 높이기 위해 가장 쉬운 방법은 홈팀의 승리 위주로 베팅하는 것이 좋지. 익숙한 환경과 팬들의 뜨거운 응원, 원정팀의 이동 거리로 인한 컨디션 난조와 같은 이유로 홈팀이 유리하지."

최근 들어 과거에 비해
홈·원정의 격차가 줄어들긴 하였다지만
여전히 **4:3:3** 의 비율로
홈팀의 승률이 높은 편입니다. (리그별상이)

❗ **중남미 리그** 같은 경우는
리그 평균 홈 승률이 **70%를 넘어가기도** 합니다.

패널티킥 반칙을 얻은 횟수만 보더라도
과거에는 **홈팀의 PK가 평균 6~70%** 정도로 많았습니다.

물론 현재에도 55% 정도의 비율로 높은 편입니다.
(리그별 상이)

홈 팀의 익숙한 환경

홈 팬들의 일방적인 응원

거리가 멀 경우, 컨디션 조절

거리가 멀 경우, 시차 적응

등등 많은 이점을 갖습니다.

하다 못해 잔디 길이, 잔디의 미끄러움 정도 등
아주 사소한 것까지
홈팀이 유리할 수 밖에 없습니다.

결론적으로

홈팀만 선택해도
적중 확률을 높이고 들어가는 셈입니다.

정말 확실한 경우가 아닌 이상
원정 승리는 배제하고
홈팀의 승리 위주로 베팅하는 것이
가장 쉽게 적중 확률을 높이는
방법입니다.

42 상대전적

상성

"홈팀 레알 소시에다드, 원정팀 바르셀로나. 자네라면 어디에 걸겠나?"

커피를 마시던 전귀가 대뜸 물었다.

호찬이 잠시 침묵했다.

절대 허투루 묻는 말이 아니었다.

세계에서 제일 강한 팀을 꼽으라면 뽑힐 만한 바르셀로나이지만 전귀가 원하는 대답이 아닐 것이다.

답은 정해져 있다.

이유를 찾아서 대답한다면, 전귀를 만족하게 할 수 있다.

잠시 자료를 살펴보던 호찬이 입을 열었다.

"레알 소시에다드입니다."

"왜?"

전귀의 물음에 호찬이 희미한 미소를 지었다.

짧은 말이었지만 일단 레알 소시에다드가 정답인 것을 알 수 있는 반응이다.

"두 팀의 맞대결에서 10/11 시즌부터 16/17 시즌까지 홈에서 바르셀로나를 상대로 5승 3무로 한 번의 패배도 용납하지 않았어요."

"그렇지. 17/18 시즌과 18/19 시즌에는 홈에서 패배를 기록했지만 두 팀의 전력 격차를 생각하면 말이 안 되는 성적이지. 팀 전술이 상성을 만들기도 하며 구장에 대한 적응과 같은 이유로 이런 상성이 정해지기도 하지."

"그래서 이전에 제대로 된 분석 없이 강팀에 대한 맹목적인 신뢰를 지적하셨군요."

호찬은 과거의 일을 떠올리며 말했다.

그저 전력이 뛰어난 강팀이 승리한다고 생각했던 적이 있었다.

그리고 그 생각은 빗나가 돈을 잃게 했다.

단 하나의 경기로 돈을 잃었던 지난날의 기억에 마시던 커피가 평소보다 쓰게 느껴졌다.

"다만 성적 부진과 같은 이유로 감독이 경질되기도 하지. 감독이 바뀌게 되면 팀 전술도 바뀌기 마련이다. 이런 경우에 지금까지의 상대전적은 유효한 자료가 아니게 될 수 있지."

"그렇군요. 분석할 때 감독의 교체는 크게 신경 쓰지 않았던 것 같은데 확인할 필요가 있겠네요."

호찬이 고개를 주억거렸다.

"적중률을 끌어올리고 싶으면 명심해라. 검색해서 나올 수 있는 모든 뉴스와 자료가 적중률에 보탬이 된다. 0.1%의 확률이라도 끌어올리기 위해서는 네가 무시할 수 있는 정보란 단연코 없다."

스페인 라리가 축구 경기에서

소시에다드 (중위권팀) **vs** **바르셀로나** (우승권팀)

맞붙는다면

어디에 베팅을 하실건가요?

아마 100이면 99는

바르셀로나 일 것입니다.

그러나 두 팀의 맞대결

10/11시즌부터 16/17시즌까지

소시에다드는 홈에서

바르셀로나를 상대로 5승 3무로

단 한 번도 패배한 적이 없습니다.

이처럼 **팀 전술** 혹은 **상성싸움**에서
강팀이 약팀에게 아예 굽히고 들어가는 경우도
존재합니다.

소위 말해서 **궁합이 안 맞다**고 하죠?

너무 오래된 상대 전적은
큰 의미가 없다고도 볼 수 있으나
최근 3년 사이의 상대 전적만큼은
꼭! 확인하는 것이 좋습니다.

감독 교체로 인하여
팀 전술이 완전히 바뀌었거나
경기를 펼치는 위치에 따라(중립구장 등)
상대 전적이 갖는
비중이 줄어들 수도 있습니다.

스트라이커의 유무

스트라이커

–린가드 한 명 제치고 슛! 아! 패스 끊깁니다.

–린가드 선수 자신감이 많이 떨어졌나요. 슛팅을 할 수 있는 좋은 찬스였지만 패스를 하고 마네요. 최근 좋지 못한 폼이 독이 되었어요.

–토트넘의 속공입니다. 수비수 빠르게 공을 앞으로 전달합니다.

호찬은 손에 땀을 쥐고 맨체스터 유나이티드와 토트넘의 경기를 지켜보고 있었다.

최근 득점왕을 기대할 정도로 절정의 폼을 보이던 손승민이 부상으로 나오지 못했지만, 리그 1위의 성적을 유지하고 있는 토트넘이 승리할 것이라는 기대가 있어 베팅했다.

–해리 케인 선수 공 잡았습니다. 수비수의 거센 압박에 패스할 곳을 찾습니다.

–아! 뺏깁니다. 이건 빼앗긴 케인 선수의 잘못이 아니에요. 수비수 2명의 압박이 이어지는 동안 다른 선수가 빈 곳으로 파고들거나 패스를 받아주러 이동해야죠.

–토트넘. 손승민 선수의 빈자리가 이렇게 큽니까. 최전방에서 고립되는 케인을 받쳐주는 선수가 없어요.

호찬이 긴장하며 보는 것과 다르게 경기는 지지부진했다. 두 팀의 팀 명성에 걸맞지 못한 처참한 결정력이 이어졌고 승부처는 엉뚱한 곳에서 나왔다.

–아, 자책골이 나옵니다.

—크로스를 헤딩으로 걷어낸다는 것이 자책골이 돼버렸어요.

—이렇게 균형이 무너지나요.

카메라가 아쉬움에 잔디에서 일어서지 못하는 수비수를 비추었다.

—날카로운 크로스. 케인 선수 헤더! 골! 골입니다!

—아, 맨체스터 유나이티드. 무너집니다. 케인 선수를 마크하는 선수가 한 명도 없어요.

—자책골 이후로 집중력이 흐트러진 건가요. 정신을 차려야 합니다.

결국, 자책골 이후 무너진 맨체스터 유나이티드가 연달아 실점을 내주며 경기를 끌려갔다.

—경기 이대로 3대0으로 끝납니다.

—두 팀 모두 좋은 경기력은 아니었어요. 결과는 3대0이지만 이 경기를 보는 모두가 알 수 있었어요. 좋은 공격수의 필요성. 해리 케인이라는 걸출한 공격수가 있지만, 토트넘에는 이번 시즌 공격포인트가 높은 손승민이 필요하다는 것을 감독은 뼈저리게 느낄 겁니다.

—손승민 선수의 빠른 회복을 빌면서 중계 여기서 마칩니다. 시청자 여러분. 감사합니다.

경기중계가 끝난 화면은 이내 하이라이트를 보여주고 있었다.

'그래, 축구는 결국 골을 넣어야 이기는 게임이야. 점유율이 아무리 높더라도 득점하지 못하면 비기거나 지는 종목이다. 팀의 기세가 아무리 좋아도 넣어줄 선수가 없으면 안 돼.'

축구 역시 야구처럼 세부 스텟이 많으며
깊게 분석하자면 아주 깊게도 들어갈 수 있는
재미있는 종목입니다.

하지만
축구는 골을 넣어야 이기는 게임입니다.

쉽게 생각하자면
점유율을 아무리 높게 가져가고
경기를 지배하더라도

득점을 올리지 못한다면
승리하지 못하는 것이 **축구**입니다.

그렇기에
스트라이커의 유무가 매우 중요하며
좋은 스트라이커의 유무는
득점 순위를 찾아보면 쉽게 알 수 있습니다.

❗아무리 이름값이 높든, 경기력이 좋든
결국 공격수는 골로 말합니다.

✔팀 내 공격수들이 몇 골을 넣었는지
✔해당 선수가 출전을 하는지
✔최근 득점 감각이 어떤지 만 잘 분석해도
적중률을 크게 높일 수 있습니다.

경기력을 수치로
표현하기란 어렵지만
득점 수는 직관적으로 확인할 수가
있기에 **분석에 용이**합니다.

축구 낮 경기

낮 경기

“토토방이 닫혀 있던데. 사장님께 무슨 일 있나요?”

“오늘이 그 녀석 부인의 생일이다. 기념일 하나 못 챙기면서 365일 일을 하다가 부인 등쌀에 밀려 하루 쉰다고 하더군.”

호찬의 물음에 전귀가 무심히 대답했다.

“그럼 오늘 베팅은 어디서 하나요?”

“난 그 녀석 가게에서만 베팅해서 다른 곳은 모른다.”

“편의점으로 가죠.”

토토에 대해서는 모르는 게 없던 전귀가 호찬도 아는 것을 모를 리 없었다. 그냥 귀찮아서 호찬에게 떠넘기려고 아무렇게나 말하는 것이었다.

호찬은 지온과 혜진이 일하는 편의점으로 발걸음을 옮겼다.

“오늘 브라이튼 대 리버풀 경기 배당 괜찮던데요. 리버풀이 원정이긴 하지만 최근 성적도 괜찮고 부상 선수도 없어서 주전 출장도 확실해 보이는데요. 어떻게 생각하세요?”

미리 베트맨 사이트에서 확인한 배당을 떠올린 호찬이 물었다.

“경기 시간은 확인했나?”

“8시 30분입니다.”

호찬이 재빨리 핸드폰으로 경기 시간을 확인하고 답했다.

“거르는 것이 좋겠군. 아시아권 마케팅을 위해 현지 기준 낮 경기가 늘어나고 있지. 우리로서는 보기 편한 시간대다. 하지만 낮 경기는 일반적인 시간대보다 상대적으로 이변이 많이 나오는 편이다."

"이변이요?"

"여러 이유가 있겠지만 평소와 다른 패턴으로 경기를 준비하기 때문에 컨디션을 최상으로 끌어내지 못하는 경우가 있지."

호찬의 뒤를 따르던 전귀가 말을 덧붙였다.

"낮 경기는 베팅하지 않는 것이 좋은 선택이 될 때가 있지. 브라이튼 대 리버풀은 역배나 무승부를 노리는 것이 좋겠군. 19/20 시즌에 무승부를 14회 기록하고 홈에서의 성적도 괜찮은 팀이다. 이변이 터질 수도 있다……."

편의점 앞에 도착한 전귀가 말꼬리를 흐렸다.

"전귀님?"

안으로 들어서려던 호찬이 몸을 돌려 전귀를 불렀다.

언제나 거침없이 발을 내딛던 전귀의 긴 다리가 바닥에 붙은 채 떨어지지 않고 있었다.

"크흠. 여기는 아닐세. 다른 곳으로 가지."

전귀가 불편한 기색을 여과 없이 드러내며 말했다.

"제 동생이 여기 알바하고 있어서요. 인사도 할 겸 들어가서 베팅하시죠. 전귀님 말씀대로 무승부에 하겠습……."

"다른 곳으로 가자고 하지 않았나! 여긴 안된다. 다른 곳은 몰라도 여기는 들어갈 수 없다."

전귀가 호찬의 말을 끊으며 소리쳤다.

해외축구를 예전부터 시청해 왔던 분이라면
이전에 비해 낮 경기가 많아졌다는 것을
체감하실 수 있을 것입니다.
(국내 시간으로 환산하자면 저녁 10시 이전 경기)

이 시간대 경기가 많아지는 이유는
아시아권 마케팅 때문이며
아시아권에서 시청이 편한 시간대인
낮 시간대 경기로 변경이 되는 것입니다.

베팅을 어느 정도 해 본
경험자들은 아시겠지만
상대적으로 낮 경기에서는
이변이 많이 나오는 편입니다.

컨디션 조절 등
평소와 다른 패턴으로 경기를 준비하기에
저녁 경기에 비해
많은 변수가 발생합니다.

우리나라 시간 기준으로 이른 저녁 경기는
✔베팅에서 아예 **제외**하거나
✔**역배** 위주로 베팅을 하는 것도
나쁘지 않은 선택입니다.

Check Point!

사실 완전히 베팅에서
배제시키는 것이 가장 좋습니다.

많고 많은 경기중에
굳이 낮 경기를 선택하여
위험 부담을 가져 갈 필요는 없습니다.

45 경기 일정

전귀의 과거

발걸음을 돌린 전귀는 근처 카페로 들어섰다. 호찬은 전귀의 벼락같은 외침에 놀란 심장을 달래며 전귀의 뒤를 따랐다.

커피를 주문하고 맞은 편에 앉은 호찬이 전귀의 눈치를 살폈다.

고막이 얼얼할 정도로 큰 소리를 낸 전귀는 머리를 감싸 쥐고 자책하는 듯 보였다.

"미안하네."

시간이 조금 흐른 뒤, 전귀가 나지막이 말했다.

"괜찮습니다. 무엇 때문인지 말씀해주실 수 있습니까?"

호찬의 걱정이 묻어나는 눈빛에도 불구하고 전귀는 묵묵부답이었다.

전귀가 입을 연 것은 호찬이 챙겨온 커피를 한 모금 마신 후였다.

모든 것은 돈으로부터 시작되었다.

때는 1997년. 국가 부도의 날. 온 나라가 들썩일 정도로 감당할 수 없는 사태에 휩쓸린 한 남자가 있었다.

직장을 잃게 되고 간신히 입에 풀칠만 하며 버텼다.

어떻게든 살아남고자 이일 저일 전전하며 노력했지만, 아내와 어린 딸이 배를 곯는 모습을 보며 속으로 눈물을 삼키기도 했다.

이때부터였다. 가슴 속에 응어리진 돈이라는 것에 대한 갈증이.

아내와 함께 갖은 노력 끝에 일상을 되찾았지만 아내는 병을 얻어버렸다. 그러나 아내는 그것을 내색하지 않았다.

남자의 강인한 몸에 비해 아내의 몸은 약했다.

돈. 더 많은 돈이 필요했다.

그렇게 돈에 대한 갈증이 더욱 커지던 와중에 기회가 찾아왔다.

2002년 월드컵에 관심을 가지다 토토에 대해 알게 된 것이다.

처음에는 그저 감이었다. 한국의 16강 진출에 베팅.

그저 한국이 좋은 성적을 내었으면 하는 마음에 4강까지 간다고도 했다.

토토를 시작하고 그토록 원했던 돈이란 존재가 손아귀에 잡히기 시작했다.

남자는 2003년부터 본격적으로 토토에 빠져들었다.

재능이 있었다. 남자는 점점 이 판에서 모르는 사람이 없을 정도로 유명해졌다.

예전이라면 상상도 못 할 만큼의 돈이 수중에 들어왔다.

부와 명예. 모든 것을 얻었음에도 이상하리만치 타는 듯한 갈증이 계속되었다.

남자는 결국 돈에 미친 귀신, 전귀가 되어버렸다.

가족을 먹여 살리기 위한 수단이었던 돈은 전귀의 눈을 멀게 했다.

돈이 삶의 목표가 되었고 전귀는 가족마저 등지고 이 갈증을 해소하고자 했다.

결국, 딸 하나만 남기고 세상을 떠나버린 아내의 영정사진 앞에서 남자의 미쳐버린 정신이 돌아왔다.

남자는 어떻게든 딸에게 속죄하고자 했다. 그러나 씻을 수 없는 상처를 입은 하나밖에 없는 가족인 딸의 시선은 심장이 얼어붙을 정도로 차가웠다.

남자는 딸 앞에 설 수 없었다.

그 차디찬 시선을 견딜 자신이 없었다.

남자에게는 그럴 자격이 없었다.

축구 경기 분석에서
생각보다 비중이 꽤 큰 것이
경기 일정입니다.

경기 일정만 체크하고 가도
큰 변수를 피해갈 수 있으며
그 팀의 동기부여도 확인할 수 있습니다.

예를 들어

강등권 팀이 이번 경기에서 1위 팀과 맞붙고
경기 일정상 다음 경기에서 같은 강등권 팀과 맞붙게 된다면
다음 경기는 승점 3점이 아닌
승점 6점짜리의 중요한 매치가 됩니다.

1위팀과의 경기는 어차피 패배할 거 확실하게 버리고
주전들에게 휴식을 줄 가능성도 존재합니다.

✓이 경우에는 **1위팀의 핸디캡 승리 확률**이 매우 높아지겠죠?

반대로 1위 팀 이 강등확정 팀과의 경기 이후
우승 경쟁을 다투는 **2위 팀과의 경기일정**이라면
2위 팀과의 경기가 더 중요하기에
강등확정 팀과의 경기에서
로테이션을 가동할 확률이 매우 높습니다.

주전을 내지 않더라도 이길 수 있다는 생각으로 말이죠

그렇기에 핸디캡 승리 확률은 상대적으로 낮아지고
✔ **핸디캡 패배의 확률**은 높아질 수 있습니다.

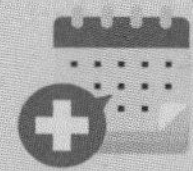

단순하게 경기 일정만으로도
꼭 잡아야 할 경기와 버려도 되는 경기를
판단할 수 있기 때문에

경기 일정은
분석에서 꼭 체크해야 할 중요한 요소입니다.

Check Point!

경기 일정까지 체크한다면
적중 확률을 높일 수 있지만

경기 일정만 보고 베팅한다면
낭패를 볼 수도 있습니다.

chapter 46 축구 핸디캡 경기

전귀의 딸, 혜진

“그 딸이…….”

이야기를 들은 호찬이 말끝을 흐렸지만 전귀가 고개를 끄덕였다.

“혜진. 아내가 지은 이름이지. 참 예쁜 아이야. 못난 아비는 아무것도 해주지 않았는데 아내가 딸을 참 선하고 예쁘게 키웠어.”

전귀가 일그러진 웃음을 지었다.

바르게 자란 예쁜 딸을 생각하면 웃음이 나오지만, 심장을 옥죄는 죄책감에 찌푸릴 수밖에 없는 기괴한 웃음이었다.

“…….”

전귀를 부르려던 호찬이 입술을 달싹이다 결국 입을 닫았다.

모든 사정을 듣게 된 지금, 그가 자신을 전귀라고 칭하라고 하는 이유를 알 수 있었다.

죄책감.

그가 심신을 지배하고 있는 죄책감에서 벗어날 때까지.

혜진에게 용서를 받는 그 날까지 저 지독한 업보에 억눌린 채 살아갈 것이다.

“그냥 전귀라고 불러라. 난 그날 이후로 이름을 버렸으니.”

“그럼 장례식 이후로 혜진씨를 한 번도 보지 못하신 겁니까?”

“아니, 몇 번 보았다. 고등학생인 딸이 세상을 어찌 혼자 살아가겠나. 돈밖에 없는 놈이 줄 수 있는 것은 돈밖에 없지 않겠는가? 집이며 생활비며 돈으로 가능한 모든 것을 주었지.”

전귀가 다시 일그러진 웃음을 지었다.

“성인이 된 딸이 연락해서 만났었지. 이제 더 이상 나의 도움이 필요 없다고 하더군. 어찌나 똑 부러졌는지 그 자리에선 거절하지 못했다. 다만 딸이 다닐 대학에 돈을 기부해서 딸에게 장학금을 지원해주는 것 같이, 딸이 모르게 뒤에서 도울 수밖에 없었다.”

전귀의 낮은 목소리에 씁쓸함이 맴돌았다.

“뭐라 위로해야 할지 모르겠네요. 저로서는 상상할 수 없을 정도로 상심이 크시겠어요.”

“다 내 업보인 것을……. 예전에 내가 너를 돕는 이유를 궁금해 했었지? 나 같은 놈이 되지 않았으면 했네. 내가 돕는다면 네가 혼자 빚을 갚다가 돈에 미쳐버리는 불상사를 막을 수 있다고 생각했어.”

전귀는 이미 식어버린 커피를 마시며 목을 축였다.

“돈이라는 마수는 끔찍한 놈이다. 목표를 이루기 위한 수단이어야 할 놈이 어느새 목표가 되어버리지. 어떤가? 너는 지금까지 다른 것보다 돈이 우선이었던 적이 있나?”

“…….”

“너라면 나와 다를 것이라고 믿고 싶다. 돈에 지배당해 씻지 못할 상처를 받는 사람이 내 딸로 끝났으면 한다. 가슴을 짓누르는 이 감정을 너는 겪지 말았으면 한다.”

전귀는 마지막 말을 남기고 자리를 떠났다.

호찬은 아무런 말도 대꾸하지 못한 채 그저 식어버린 커피잔을 바라만 보고 있었다.

축구 일반 경기가 아닌
핸디캡 경기는 분석이 가능할까요?

핸디캡 승? 핸디캡 무? 핸디캡 패?

(Chapter7 핸디캡 유형 이해하기)

보통의 베터들은 고배당을 선호하기 때문에
핸드캡 승리나 무승부에 몰리는 경향을 보입니다.

하지만 이론적으로 분석이 가능한 경기는
핸디캡 패배밖에 없습니다.

물론 상황에 따라

조별 예선 경기에서 2골 차 이상 이겨야 다음 라운드 진출이 가능한 경우	▶ **핸디캡 승리**
득점왕 경쟁 중이어서 다득점을 해야 할 경우	▶ **핸디캡 승리**
선수비후역습으로 1득점만 올리고 잠그기 전략일 경우	▶ **핸디캡 무승부**

분석이 가능한 경우도 있습니다.

그 외의 일반적인 경기에서는
핸디캡 승, 핸디캡 무 나름대로의
분석이 들어가겠지만

결국에는 운에 좌우됩니다.

❗한 골을 넣을지, 두 골을 넣을지
알 수 없기 때문입니다.

[하지만 **핸디캡 패배**만큼은
충분히 분석이 가능**합니다.**]

▸쉽게 말해 분석을 끝냈을 때 **일반패**가 나왔을 경우
핸디캡 패배를 선택한다면
패배는 물론 무승부라는 보험까지 얻게 되어
그만큼 적중 확률이 높아지기 때문입니다.

동기부여와 상황 분석이
없는 상태에서 **단순 배당 때문에**
핸디캡 경기를 선택하는 것은
좋지 못한 베팅 습관**입니다.**

chapter

47 핸디캡 무승부 분석

술 한잔해요

카페에서 나온 호찬의 발걸음은 편의점으로 향했다.

"어서 오세요. 어? 호찬씨."

카운터에 서 있던 혜진이 호찬을 발견하고는 밝게 웃으며 반겨주었다.

복잡한 기분을 달래주는 미소를 띤 얼굴이 보인다.

어떻게 세상이 환하게 느껴질 정도로 밝은 미소를 지을 수 있는 걸까.

전귀의 죄책감의 크기만큼 그녀가 받았을 상처도 클 텐데.

그 상처는 괜찮은 건가?

이제는 견딜 수 있을 정도로 아문 것일까?

인사에도 반응하지 않자 고개를 갸웃거리며 생글생글 웃고 있는 모습에서는 상처를 찾을 수 없었다.

호찬이 뒤늦게 인사하자 혜진이 배시시 웃었다.

"지온이는 조금 전에 퇴근했어요. 오빠가 안 데리러 왔다고 삐졌던데요. 집에 가서 달래주세요."

"혜진씨."

"네."

호찬이 나지막하게 혜진을 불렀다.

그녀가 입가에 미소를 띤 채 대답했다.

"오늘 우리 술 한잔해요."

"네?"

"곧 마치니까 기다리고 있을게요."

혜진이 고개를 끄덕이는 것을 확인한 호찬은 편의점 밖으로 나왔다.

12월 중순으로 접어든 날씨는 이제 완연한 겨울 날씨였다.

차디찬 바람이 볼을 할퀴고 지나가는 것을 느끼며 호찬은 고개를 들어 밤하늘을 바라보았다.

마음이 복잡했다.

전귀와 혜진의 상처가 얼마나 클지 짐작조차 되지 않지만, 이대로 둘이 아물지 않을 상처를 안고 살아가는 것은 싫었다.

오지랖일지도 모를 일이었다. 그러나 가슴이 시키는 대로 둘의 관계를 회복시키고 싶었다.

서로에게 지울 수 없는 상처가 된 둘이 너무나도 안쓰러웠다.

다만 일이 잘못되어 혜진의 밝은 미소를 더 이상 볼 수 없는 것이 두려웠다.

"추운데 왜 밖에서 기다려요. 안에서 기다려도 되는데."

일을 마치고 교대한 혜진이 나와서 걱정스러운 어조로 말했다.

"그냥 찬바람 좀 쐬고 싶어서요. 갈까요?"

앞서 말했다시피

단지 고배당을 위해서
핸디캡 무승부를 선택하는 것은
잘못된 베팅 습관입니다.

하지만 분석을 통해서
핸디캡 무승부 확률이 높다고 판단이 되었다면

과감히 실행하는 것도
나쁘지는 않은 선택입니다.

핸디캡 무승부는
(-2.0) 이상의 핸디캡 값도 존재하긴 하나
일반적으로 정배를 받은 팀이
한 골 차 승리(-1.0)를 거뒀을 경우
핸디캡 무승부가 됩니다.

✔ 핸디캡 무승부 분석은 우선 경기력보다
현재 그 팀이 처한 상황을 가장 먼저 확인해야 합니다.

리그 후반 경기나 **토너먼트** 같은 경우가
핸디캡 무승부 베팅의 타이밍이라고 볼 수 있습니다.

승점 1점 차이에 최종 순위가 바뀌게 되는
리그 후반의 경우, 다득점 승리보다는 한 골만 넣고
공격보다 수비적인 플레이를 펼치며
승점 3점을 확보하려는 팀들이 많습니다.

토너먼트 같은 경우
다득점 보다는 승리하는 것이 가장 중요하기에
핸디캡 무승부 경기가 상대적으로
많이 나오는 편입니다.

Check Point!

변수는 항상 존재합니다. 그 중에서도
득점 관련 기록이 걸려 있는지
주의 깊게 살펴 보아야 합니다.

- 득점왕 경쟁
- 골 득실 차이 등

chapter 48 핸디캡 무승부 패턴

시계

12월의 술집은 그 어느 달보다 분위기가 들떠 있었다.

"으으. 아무리 마셔도 쓰네요."

혜진이 술잔을 내려놓으며 고운 얼굴을 찡그렸다.

호찬은 혜진을 바라보았다.

흑발의 머리칼은 묶어올려 시원한 목선을 드러내고 있었고 자연스레 흘러내린 잔머리가 그녀의 외모를 더욱 청순하게 빛내고 있었다.

잡티 하나 없는 뽀얀 얼굴은 술기운으로 인해 발갛게 물들었고 술에 취해 살짝 풀린 눈동자는 호찬을 담고 있었다.

'이런 혜진씨가 전귀님의 딸이라니.'

믿기 힘들었다.

둘의 외모가 너무나도 다르다.

전귀는 거구의 풍채에 짙은 이목구비가 뇌리에 강하게 박혀 보면 볼수록 부녀관계라고 여기기 힘들었다.

하지만 이전에 혜진과의 대화에서 들었던 아버지에 관한 이야기와 전귀의 이야기는 일치하고 있었다.

"못 보던 시계네요? 한 번도 시계 차고 있던 걸 못 본 거 같은데."

술잔을 기울이며 대화를 나누고 있다가 혜진이 호찬의 손목을 보며 물었다.

"지온이가 생일이라고 줬어요."

호찬이 손목에 걸린 시계를 바라보며 말했다.

비싼 시계는 아니었지만, 호찬에게는 어떤 시계보다도 값진 시계였다.

"지온이는 일 잘하고 있어요?"

시계를 바라보며 지온을 떠올리던 호찬이 물었다.

"네, 요즘 겨울 바다가 보고 싶은지 같이 가자고 성화에요."

"수능 끝나고 도와준다더니 매일 놀 생각만 한다니까요."

호찬의 투덜거림에 혜진이 웃었다.

"말은 그렇게 하지만 얼굴은 좋아 보여요."

"동생은 빚 걱정 없이 하고 싶은 거 다 하면서 살았으면 좋겠어요. 처음에 알바 한다고 했을 때 빚 갚으려고 하는 줄 알고 식겁했다니까요."

"이제 빚은 다 갚아가나요?"

혜진의 물음에 호찬이 술잔을 들이킨 후 쓴웃음을 지었다.

"네, 누군가 도와줘서 생각보다 빨리 해결할 수 있을 것 같아요. 그분의 도움이 없었다면 토토로 빚을 갚는다는 것은 말도 안 되는 일이었을 거에요."

"누가 도와줬어요?"

"어쩌다 보니 알게 된 분이죠. 토토에 관해서라면 모르는 것이 없는 그분의 노하우를 배우면서 적중률을 올려 돈을 벌었어요. 지금도 배우고 있고요."

잠시 침묵했던 호찬이 입을 열었다.

혜진씨가 어떤 반응을 보일까?

저 미소를 앞으로 두 번 다시 보지 못할지도 모른다.

미소를 잃는 것이 왜 두려운지 알 수 없지만, 가슴이 시키는 대로 할 뿐이다.

"혜진씨의 아버님이요. 그 분이 절 도와주고 있어요."

핸디캡 무승부의 배당상 확률은
24~28% 정도에서 형성된다고 볼 수 있습니다.

단순하게 얘기하자면, 4분의 1 확률로
'네 번 중 한 번은 적중이 된다' 고
볼 수 있습니다.

유럽축구 5대리그
최근 5년간의 데이터로 통계를 냈을 시

전력차가 크게 나는 두 팀의 경기보다
비등비등한 두 팀의 맞대결 에서
핸디캡 무승부가 더 많이 나왔습니다.

또한 **수비적인 팀끼리 맞붙었을 때**
핸디캡 무승부 확률이 높았습니다.

원정보다는 **홈팀** 의
핸디캡 무승부 비율이 높았습니다.

종합하면

홈팀
+
수비적인 팀
+
전력차가 크지 않은 두 팀의 맞대결

의 경기를 선택하게 되면
핸디캡 무승부 적중 확률이 높아진다 볼 수 있습니다.

Check Point!

하지만 어디까지나
통계적인 수치, 패턴일 뿐입니다.

주사위를 5번 던져 6이라는 숫자가
한번도 안 나왔다고 6번째에
6이 나오는 것은 아닙니다.

고통의 굴레

"제 아버지가요?"

생각지도 못한 호찬의 말에 혜진의 눈이 커졌다.

호찬은 고개를 끄덕인 후 입을 열었다.

"처음에는 어떻게든 돈을 벌기 위해 그분의 바짓가랑이를 붙잡고 사정사정했어요. 제발 좀 도와달라고. 버티고 버텨 부러지기 직전의 제가 할 수 있는 것은 비는 것밖에 없었어요."

"……."

"지온이, 하나밖에 없는 가족을 위해서라도 돈이 필요하니까 가르쳐 달라는 제 말에 결국 승낙해주셨어요. 그분이 혜진씨 아버님이라는 것은 오늘 그분과 같이 베팅하러 혜진씨가 일하는 편의점에 왔다가 알았어요."

혜진은 말이 없었다. 그저 호찬이 하는 말을 묵묵히 듣고 있을 뿐이었다.

"괴로워하더라고요. 지난날에 대한 회한과 혜진씨에 대한 사무치는 그리움에 고통스러워하고 있어요. 혜진씨를 떠올릴 때마다 웃으면서도 울고 있어요."

혜진은 여전히 말이 없었다.

"아버님이 처음에 가족을 위해 노력하셨다는 것은 알고 있잖아요. 모두가 힘든 시기에 피땀 흘리며 일했다는 것을 모르지 않잖아요. 비록 잘못된 길로 향하긴 했지만……."

"저는 아직 용서할 수 없어요."

고개를 숙인 혜진이 떨리는 목소리로 말했다.

술잔을 잡은 손도 떨리고 있었다.

"혜진씨, 날 봐요."

호찬이 나지막이 그녀를 불러 자신을 바라보게 했다.

"지온이와 제가 좋지 않은 상황에서도 서로를 챙기는 끈끈한 남매라고 부러워했죠? 그건 바로 가족이어서예요. 무섭고 두려운 이 세상을 살아가기에 의지할 곳이라고는 가족밖에 없었어요."

"가족……."

"저번에도 말했듯 저는 아버지가 그리워요. 물론 빌어먹을 빚을 남기고 가신 아버지가 원망스럽기도 하지만 정말 그리워요. 이젠 함께하고 싶어도 함께 할 수 없다는 현실이 너무나도 가슴 아파요. 사랑한다는 한마디의 말도 하지 않았던 무뚝뚝한 저의 과거가 후회돼요."

가족이란 단어를 곱씹고 있는 혜진에게 호찬이 말을 잇는다.

"저는 혜진씨가 먼 훗날, 저처럼 돌이킬 수 없는 현실에 슬퍼하지 않았으면 좋겠어요. 아버님과 이대로 연을 끊은 채 각자의 가슴에 응어리진 상처를 안고 살아가지 않았으면 좋겠어요. 두 분 다 고통의 굴레에서 벗어났으면 좋겠어요."

프로토 속설 중에
"언더오버는 신의 영역이다"
라는 말이 있습니다. 진짜일까요?

(**Chapter8** 언더오버 유형 이해하기)

결론부터 말하자면 **종목별로 다릅니다.**

농구, 배구, 야구 종목 같은 경우는
맞대결하는 두 팀의 성향과 경기력, 전술 등에 따라
언더오버 기준 값을 항상 50:50 이 되도록 맞추기 때문에
신의 영역이 맞습니다.

야구 경기로 쉽게 풀어 설명하자면
화끈한 타격전으로 **다득점이 예상되는 두 팀**이 만나게 된다면
언더오버 기준 값이 11.5 이상으로
매우 높게 형성됩니다.
반대로 에이스 투수 맞대결로 **저득점 경기가 예상되는 경기**는
기준 값이 6.5~8.5 정도로 애초에 기준 값이 낮습니다.

다시 말해, 확률을 50 대 50으로 맞추기 위해
경기별로 언더오버 기준값을 다르게 설정하기에
분석이란게 크게 의미가 없게 되는 것입니다.

결국 언더든 오버든 해당 경기의 기준값에서는
확률이 50%로 같기 때문입니다.

(보통 **국내 여자 농구**는 언더가 많이 난다고 생각하지만
모든 경기 통계를 내보면 결국 **50:50으로 확률은 같습니다.**)

일반적으로 언더오버의 기준값은
2.5점으로 고정되어 있습니다.

50:50 으로 맞추는 것이 아니라는 뜻입니다.

그래서 경기 중요도나 팀 전략,
스타일, 상황에 따라
확실하게 **언더오버 분석이 가능**한 종목은
축구밖에 없습니다.

Check Point!

언더오버 베팅을 한다면
가급적 축구경기만 하는 것을
추천드립니다.

어색한 사이

"역시 오지랖이었나."

호찬은 씁쓸함이 듬뿍 묻어나오는 말로 중얼거렸다.

그런 짓은 하지 말아야 했는데 결과를 몰랐다.

이제 와서 후회한들 뭐하나. 술기운에 바보가 돼 버린 것을.

대화를 끝낸 둘은 말없이 술 몇 잔을 기울이다 헤어졌다.

그 이후 호찬과 혜진의 사이는 어색함만이 감돌았다.

오죽하면 지온이 그 기류를 눈치채고 호찬이 혜진에게 고백했는지 물어볼 정도였다.

'그래도 오해했을 때보다 괜찮다는 게 불행 중 다행인 건가.'

처음 토토를 한다는 것을 알게 되어 멋대로 오해한 혜진이 싸늘한 태도를 보였던 것보다는 상황이 나았다.

서먹서먹하긴 해도 어쨌든 가벼운 인사와 희미한 미소만은 보여주는 그녀의 모습을 떠올린 호찬은 안도의 한숨을 쉴 수 있었다.

"웬 한숨이야. 왜, 또 돈 잃었어?"

장대리가 호찬에게 다가오며 말했다.

"잃기는 누가 잃어. 요즘 내 적중률 몰라? 요즘 내가 알려주는 픽이 쏠쏠하지?"

"으아, 답니다, 달아요. 너무 달아서 머리가 띵할 정도로 달콤한 픽을 주셔서 감사합니다."

과장된 몸짓으로 고개를 숙이는 장대리의 우스꽝스러운 모습에 호찬은 피식 웃음을 터뜨렸다.

"그건 그렇고 애는 요즘 괜찮아?"

"그럼! 그때 열난 이후로 너무 건강해서 놀랄 정도야. 몸이 이렇게 튼튼한데 운동선수를 시켜야 하나? 제2의 손승민으로 키울까?"

"내가 1호팬 되어줄게. 크크"

슈퍼스타가 된 아들의 찬란한 미래를 그리던 장대리가 자리에 앉아있는 진아를 본 후 물었다.

"너 인턴이랑 야구장 갔을 때 무슨 일 있었냐?"

"어? 무슨 일은, 아무 일도 없었어. 야구장 즐기고 헤어졌지."

호찬이 슬쩍 시선을 옮겨 진아를 바라보았다.

혜진에 이어 어색한 사이가 된 사람이 또 있었다.

야구장 키스 타임 이후로 진아는 호찬을 의도적으로 피했다. 어쩌다 마주칠 때는 얼굴을 붉히며 도망가기 일쑤였다.

지금도 호찬과 눈이 마주치자 고개를 푹 숙이며 모습을 감추는 그녀의 모습이 보였다.

"음, 수상한데. 뭔가가 있어. 수상한 냄새가 난다."

"냄새 같은 소리 말고. 저번에 사탕 한 통 사주기로 했다며. 그건 사준 거야?"

"아! 맞네, 잊고 있었다. 그건 그거고 냄새가 난다니까."

코를 킁킁대는 장대리의 모습에 호찬이 말을 돌렸으나 장대리는 멈추지 않았다.

"장대리! 또 노가리 까고 있어? 회사에 놀러 왔어!"

"회사의 미래를 위한 심도 깊은 논의를 하는 중이었습니다. 부장님."

부장의 불호령이 도움이 될 때도 있었다.

리그와 **토너먼트**는
전혀 다른 운영방식을 가지고 있기 때문에
각 팀들이 준비해 오는
경기 전략 부터가 다릅니다.

리그 EPL, 라리가, K리그 등
토너먼트 챔피언스리그, FA컵, 월드컵 등

리그 는 계속해서 진행이 되기에
장기적인 관점에서 바라보고 시즌을 운영합니다.

상황에 따라 베스트 멤버를
내세우지 않을 때도 있습니다.

하지만 **토너먼트** 만큼은
탈락하면 끝인 경기이기 때문에
임하는 자세, 전략부터가 달라집니다.

기본적으로
공격보다는 수비에 바탕을 두며
다득점을 잘 노리지 않습니다.

하위권 팀들은 리그 순위를 포기하고
토너먼트에 올인을 하기도 합니다.

그렇기에
리그와 **토너먼트**는
각각 다른 전략·원칙을 가지고
베팅을 해야 합니다.

Check Point!

토너먼트-조별예선 경기에서는
또 다른 전략이 필요합니다.

특히 다음 라운드 진출팀들이 정해진
조별예선 마지막 경기에서는
이변이 속출하기에
주의해서 베팅하여야 합니다.

챔피언스 리그

자신의 치부이자 상처였던 과거를 드러냈지만 전귀가 호찬을 대하는 태도는 변함없었다.

"리그와 토너먼트는 다르다. 리그는 장기적인 관점에서 바라보고 시즌을 운영한다. 상황에 따라 로테이션을 돌리기도 하지. 하지만 토너먼트인 챔피언스 리그를 노릴 때는 다르지. 탈락하면 끝이라는 사실에 경기에 임하는 자세와 전략이 달라지지."

"챔피언스 리그 경기에 앞서 리그 경기를 할 때 주전에게 휴식을 주는 것처럼요."

"그렇지, 우승하기 위해서 모든 경기가 중요하긴 하지. 그러나 선수들은 기계가 아니다. 때로는 휴식을 취해야 좋은 폼을 유지할 수 있다."

전귀는 커피를 들이켰다.

"챔피언스 리그 조별예선에서 명심할 것은 다음 라운드 진출이 확정된 팀의 경기다."

"이미 진출이 확실해서 주전에게 휴식을 주거나 부상에서 복귀한 선수가 경기 감각을 끌어올리는 기회를 주기 때문에 이변이 나올 가능성이 크군요."

호찬은 챔피언스 리그 경기를 보아 왔던 지난 경험을 토대로 말했다.

만족할만한 말인지 전귀가 고개를 끄덕인 후 입을 열었다.

"본선에서는 기본적으로 공격보다는 수비에 바탕을 두어 안정적으로 운영하려고 한다. 공격적으로 나갔다가 역습 한 번에 무너지는 것이 두려운 것이지. 어떻게든 승리만 하면 되기에 한 골을 넣으면 수비를 걸어 잠그는 경우도 빈번하지."

"1차전, 2차전에서의 운영도 다르겠네요."

고개를 끄덕이며 전귀의 말을 귀담아듣던 호찬이 말했다.

"1차전에서 승리를 거뒀을 경우에는 2차전에서는 무승부만 해도 다음 라운드로 진출하기 때문에 무승부도 많이 나오는 편이지."

"2차전이 베팅하기 더 괜찮겠어요."

"그렇지, 동기가 확실하며, 1차전 경기내용으로 두 팀간의 전력 차이도 드러난 상황이기에 베팅하기 최적이지."

"챔피언스 리그 말고 리그컵, FA컵 같은 경우는요?"

새로운 것을 배우고자 끊임없이 갈구하는 호찬의 물음에 전귀가 흐뭇한 웃음을 짓다 이내 입꼬리를 내렸다.

찰나의 웃음이었기에 호찬은 보지 못 한 웃음이었다.

"상금 규모도 작고, 체력 관리 등의 이유로 대부분 전력을 쏟아붓지 않기에 이변이 속출하지. 베팅하지 않는 것이 좋지만 굳이 한다면 무승부나 역배로 고배당을 노려보는 것도 괜찮지."

정규 시즌이 아닌
토너먼트(대회) 경기는 **종목불구**하고
저득점 경기가 많이 나는 편입니다.

패배하게 되면 탈락과 직결되기에

야구는 **투수전**이며, 축구 역시 **수비 위주**로
안정적인 경기 운영을 펼칩니다.

또한 다득점보다는
일단 승리하는 것이 중요하기 때문에
한 골 넣고 잠그는 경우가 많은 편입니다.

▶이 경우, (-1) 핸디캡 무승부에 속합니다.

홈(1차전), 원정(2차전) 경기를 치르는 축구
유럽대항전이나 아시아챔피언스리그 같은 경우

1차전 결과에 따라
↓
2차전의 전략·전술이
완전히 달라지게 됩니다.

1차전에서 **승리를 거뒀을 경우**
2차전에서 무승부만 해도 되기 때문에
무승부 경기도 많이 나오는 편입니다.

특히나 **축구 2차전 경기**는
베팅하기 최적의 경기입니다.

동기가 확실하며, 1차전 경기 내용으로
전력도 드러난 상황이기 때문입니다.

52 기타 컵 경기

북런던 더비

–오늘은 토트넘 팬분들께 기쁜 소식이 있죠?

–네, 손승민 선수가 부상을 털어내고 선발 명단에 이름을 올렸습니다.

카메라는 공을 주고받으며 가볍게 몸을 풀고 있는 손승민을 비추었다.

–부상으로 인한 결장은 득점왕 경쟁을 펼치던 손승민 선수로서는 뼈아픈 일이었어요.

–부상에서 회복한 이후 얼마나 폼을 끌어올렸을지가 중요한데요.

–자, 이번 시즌 첫 번째 북런던 더비 시작했습니다. 화면 오른쪽이 토트넘 홋스퍼. 왼쪽이 아스날입니다.

호찬은 술을 마시며 화면 속 경기에 집중했다. 새벽 경기이지만 내일이 일요일인지라 속 편하게 마시고 경기를 즐길 수 있었다.

경기는 10분여 만에 균형이 무너졌다.

–중앙에서 케인 왼쪽으로 패스 찔러줍니다.

–손승민이 섬세한 볼터치로 속도를 줄이지 않고 달립니다.

좌우를 살피며 침투하는 공격수를 확인하던 손승민이 직접 공을 끌고 움직였다.

–측면에서 가운데로 파고드는 손승민입니다.

–직접 때립니다! 우워어. 골!

–손승민! 원더골!

–원더골입니다. 믿기지 않는 골입니다!

제법 거리가 있는 곳에서 때린 슛이었지만 환상의 궤적을 그리며 골망을 흔들었다.

너무나도 아름다운 궤도를 그리며 들어간 골에 호찬이 감탄성을 내었다.

–부상에서 복귀한 손승민이 중요한 북런던 더비에서 귀중한 골로 복귀 신고를 합니다.

–원샷 원킬! 손승민. 토트넘의 확실한 피니셔입니다.

손승민의 날이었다. 전반 추가 시간에 토트넘의 수비진이 앞으로 찔러 넣은 패스를 받은 로셀소 선수가 전방으로 치고 올라갔다.

–역습입니다. 토트넘의 역습으로 이어집니다.

–공격 숫자 4명입니다. 수비 2명밖에 없어요. 로셀소 왼쪽의 손승민에게 패스합니다.

빠른 역습전개에 해설이 침이 튈 정도로 빠르게 말했다.

–손승민 개인기로 수비를 속이고 뒤쪽에서 파고드는 선수에게 패스.

–케인입니다. 슛! 골! 토트넘의 2번째 골은 해리 케인입니다!

–2대0입니다! 엄청난 듀오입니다!

호찬은 평소보다 많은 술을 마시며 경기를 보았다.

어차피 주말이고 내일 특별한 일도 없었기에 마음을 놓고 취할 수 있었다.

정규시즌 **외 리그컵, FA컵 등**
다양한 경기에서 이변은 항상 속출합니다.

그 이유는 어찌 보면 당연합니다.

정규시즌 경기도 아니며
상금 규모도 작고 체력 관리나 여러가지 이유로
전력을 다 할 필요가 없기 때문입니다.

컵 경기에서 대부분의 구단들은
주전 멤버들에게 휴식을 주고
로테이션 멤버를 내세웁니다.

하지만
하위권 팀들이나 2부 리그 이하의 팀들은

우승 혹은
이름을 알릴 수 있는 유일한 대회이기도 하며
오히려 더 목숨을 거는 대회이기도 합니다.

그렇기에
해외 축구는 물론 **국내(K리그)**대회에서도
약팀들이 강팀들을 잡아내는
이변이 속출하는 것입니다.

컵 경기는 애초에
배팅에서 배제하는 것이 가장 좋지만
굳이 베팅을 한다면 무승부나 역배로
고배당을 노리는 것을 추천 드립니다.

49
50
인천
2002 FIFA WORLD CUP
INCHEON
22

경기 외부적인 분석 데이터 활용 분석

★

파트 2에서 배운 기본 분석 외에
날씨를 활용하는 분석 방법,
심판을 활용하는 분석 방법.
집중 베팅 방법, 추천 조합법,
프로토 승부식 외에 다양한 종류의 게임 등
다양한 데이터를 활용하여 경기 외부적인 분석 방법을
배우는 단계입니다.

chapter 53 요일별 승률

오빵

“오빠.”

침대에 누워 잠을 자고 있던 호찬이 지온의 목소리에 얼굴을 구겼다.

“으으으.”

“오빠! 일어나!”

앓는 소리를 내며 계속 잠을 청하던 호찬의 귀에 결국 지온의 카랑카랑한 목소리가 박혔다.

“왜, 주말인데 잠 좀 자자.”

호찬이 갈라지는 목소리로 말했다. 술을 많이 마신 탓인지 입이 바짝 말라 갈증이 느껴졌다.

“물, 물 한 컵만 줘.”

“여기. 오빵.”

호찬의 부탁에 지온이 냉큼 물 한잔을 건넸다. 그리고 애교를 가득 담은 간드러진 목소리로 호찬을 불렀다.

“야, 혀짧은 소리 내지마. 소름 끼친다.”

“오빠앙.”

호찬은 평소에는 보지 못했던 지온의 애교에 몸을 비틀며 괴로워했다. 장난기가 생긴 지온이 다시 한 번 혀짧은 소리를 내며 호찬을 괴롭혔다.

“왜, 뭐 부탁할 게 있어서 그러는데. 알바한다고 부탁할 때도 안 하던 짓을 하고 그래?"

"바다 가자."

"뭐?"

호찬의 퀭한 눈이 번쩍 뜨였다.

바다라니, 한여름에 피서로 가는 것도 아니고 겨울에 웬 바다란 말인가.

"여름에 가자."

호찬이 손을 휘휘 저으며 말했다.

"응, 아냐, 갈 거야. 겨울 바다. 이미 정은이랑 혜진 언니도 가기로 했어. 오빠는 운전만 해. 알겠지. 오빵."

"그놈의 애교 같지도 않은 애교 그만해라."

호찬은 이를 갈며 몸을 일으켰다.

동생의 오빵이라는 한마디가 온몸에 닭살이 돋는 것만 같았다.

"그래서 언제 가겠다고?"

호찬이 벌레가 기어오르는 것만 같은 느낌에 몸을 벅벅 긁으며 물었다.

"지금."

"뭐?"

"지금 간다고. 거실에 정은이랑 혜진 언니 기다리고 있어."

호찬은 거실에 나왔다. 동생의 친구 정은과 혜진이 어색한 웃음을 짓고 있었다.

"안녕하세요."

"호찬씨 미안해요. 지온이가 막무가내로 가자고 해서."

"하하하……."

요일별 승률은 유의미한 데이터일까요?

일반적으로는 사실
큰 의미가 없다고 볼 수 있습니다.

축구 같은 경우는 일주일에 2경기 정도 밖에
하지 않기때문에 더욱이 의미가 없다고
볼 수 있습니다.

하지만 데일리 스포츠인 **야구**는
사정이 조금 다릅니다.

과거, 화요일의 두산(승리) 등이 말이죠.

통계가 이를 증명해주고 있습니다.

❗실제 야구 통계 사이트 대부분이 요일별 성적을
기재하고 있습니다. 팀 성적은 물론 선수별 성적까지

사실 정확히 얘기하자면
요일별 승률이 아니라
휴식일 다음 첫 경기에서의 승률 변화
라고 말할 수 있습니다.

종목 관계없이
✓ 선수단의 스쿼드가 두텁거나
✓ 기본기가 강한 팀일수록
휴식일 이후 첫 경기에서
상대적으로 강한 모습을 보입니다.

Check Point!

야구는 화요일 경기
축구는 A매치 이후 첫 경기가
이에 해당합니다.

휴식일 이후 첫 경기에서는 **강팀의 정배 확률**이 아주 조금 더 높게 나오니
이를 베팅에 활용해도 좋습니다.

날씨의 변수 1

짠내

퀭한 눈으로 운전대를 잡은 호찬이 얼굴을 찌푸렸다.

뒷좌석에 앉은 지온과 정은이 재잘대며 쉴 틈 없이 쏘아내는 말에 골이 아팠다.

주제가 쉼 없이 바뀌는 둘의 대화에 따라갈 수 없었던 조수석에 앉은 혜진이 호찬을 바라봤다.

"주말인데 쉬지도 못하고 어떡해요."

"괜찮아요. 바람 쐬고 기분전환도 되고 괜찮겠죠. 전에 혜진씨 하고 술 마시면서 얘기 나왔던 겨울 바다를 제가 같이 가게 될 줄은 몰랐는데. 사람 일 참 알 수 없어요."

술자리에서의 일이 떠오른 혜진이 쓴웃음을 지었다.

"어? 오빠. 혜진 언니랑 단둘이 술 마셨어?"

둘 사이에 갑자기 불쑥 머리를 들이민 지온이 호찬과 혜진을 번갈아 보면서 물었다.

"오빠, 그땐 아니라고 하더니 내 말이 맞았구나."

"뭐가?"

"오빠 술 마시다가 혜진 언니한테 고백했지? 그래서 지금 어색한 거 맞잖아. 내가 둘 사이에 흐르는 묘한 기류를 냄새로 맡았거든. 내가 이런 건 기가 막히게 잘 맡지."

"아니라고. 네 코 썩었어. 술은 마셨지만, 고백한 적 없다고."

호찬의 말에 지온이 눈을 크게 떴다.

"와! 오빠. 이렇게 이쁜 혜진 언니한테 아직도 고백 안 한 거야? 언니가 뭐가 부족해서."

"그래요. 언니, 정말 예뻐요. 연예인 같아요."

"너무 띄우지 마. 정은이도 예뻐."

정은의 칭찬에 혜진이 손사래를 치며 말했다.

차 안에는 호찬의 편을 들어줄 사람이 단 한 명도 없었다.

가슴이 답답해진 호찬이 운전석 창문을 열었다.

'바다라…….'

기분 탓인지 열린 창문 사이로 들어오는 바람에 짠내가 섞여 있는 것 같았다.

"오빠, 추워요."

"그렇게 하면 안 돼. 오빵, 애기 추워요. 창문 닫아줘."

호찬이 치를 떨며 창문을 닫았다.

호찬은 그제야 깨달았다.

바람에 섞인 짠내가 아니라 이 고달픈 상황에 마음으로 흘린 자신의 눈물의 짠내였다는 것을.

스포츠 경기에 있어
날씨는 매우 중요한 부분입니다.

변수없이 항상 맑은 날에만
경기를 할 수는 없기에

분석을 할 때에 가능하다면
날씨 체크는 습관적으로 해주어야 합니다.

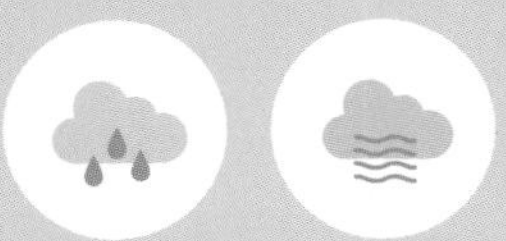

몹시 무더운 날, 혹은 눈이 내리는 경우는
특수한 상황이며
일반적으로는 **비와 바람** 정도로 볼 수 있습니다.

야구 같은 경우는 비가 많이 오게 되면
경기 자체가 **우천 취소**되며

비가 많이 내리지 않더라도 **습도가 높은** 날이라면
타자는 타격 시 공이 멀리 뻗지 않고
투수는 마찰력이 증가하여 변화구 각도가 커집니다.

축구에서도 날씨(비·바람)에 따라
패스 정확도 및 슈팅 정확도에서 차이가 나게 됩니다.

▶그렇기에 **패스 위주**의 점유율 축구를
하는 팀에게 불리한 면이 있습니다.

Check Point!

국내시간 기준 새벽 경기 같은 경우는
날씨를 활용하기 어렵지만, **그 외의 경우**는
항상 날씨를 체크하는 습관을
들이는게 좋습니다.

또한 **베팅에 직접적으로 활용**하면
변수를 피해나갈 수 있습니다.

날씨의 변수 2

겨울 바다

여름이었다면 사람으로 가득 찼을 백사장은 몇몇 사람을 제외하면 바람밖에 없는 적막함이 감돌았다.

호찬은 주변을 둘러보았다.

한껏 몸매를 드러내는 수영복을 입은 남녀도.

따가운 햇볕을 피하고자 설치한 형형색색의 파라솔도.

까르르 웃으며 파도를 즐길 수 있던 튜브도 보이지 않았다.

부서지는 파도 소리와 걸음을 뗄 때마다 사각거리는 모래 소리, 얼굴을 스치고 지나가는 서늘한 바람만이 있었다.

“아무리 생각해도 겨울 바다는 무슨 매력인지 모르겠네.”

호찬이 솔직하게 자신의 감상평을 드러내었다.

그러나 다른 사람들은 달랐다.

“와! 바다다!”

“언니, 우리 다 같이 사진 찍어요.”

“오빠! 뭐해! 우리 사진 찍어줘!”

양팔을 벌리며 바닷바람을 만끽하는 혜진이 환한 미소를 짓자 정은과 지온이 옆에 붙으며 같은 자세를 취했다. 지온이 우두커니 서 있는 호찬을 불렀다.

“예, 갑니다. 저는 운전기사 겸 사진사지요. 이러려고 마님들을 모시고 온 거 아니겠습니까.”

호찬이 빈정거리며 핸드폰을 꺼내 카메라를 켜고 셋을 쫓아다니며 추억을 남겼다.

살을 에는 차가운 바람에 귀와 코끝, 볼이 발개졌지만, 순백의 미소를 짓는 세 피사체는 아름다웠다.

호찬은 무릎을 꿇는 것도 불사하고 최선을 다해 사진을 찍어주었다.

"오빠, 춥지? 커피 사 올게."

"저도 같이 갔다 올게요."

단체로 점프 하는 사진, 백사장에 세 사람의 이름을 남긴 사진, 백사장을 거닐고 있는 뒷모습을 찍은 사진을 확인하던 지온과 정은이 말했다.

말릴 틈도 없이 가버린 둘이 떠나고 호찬과 혜진이 남았다.

"어리니까 에너지가 넘치네요."

둘의 에너지에 지쳤다는 듯 혀를 내두르며 말하는 혜진을 호찬이 바라보았다.

석양으로 붉게 물든 하늘에 자리 잡은 황금빛으로 불타는 구름.

붉은빛으로 반짝거리며 빛나는 바다를 배경으로 삼은 그녀의 모습이 너무나도 아름답다.

한 폭의 그림이었다.

노을로 인해 발갛게 물든 얼굴 옆으로 바닷바람에 찰랑거리는 흑발의 머리칼은 그녀의 미모를 더욱 돋보이게 한다.

겨울 바다의 매력이었다.

사람이 없어 아름다운 노을을 뒤로한 혜진의 모습이 너무나도 매력적이었다.

"제 얼굴에 뭐 묻었어요?"

"아니요. 지금 너무 아름다워서요."

"네?"

"아, 아니 사진으로 남기면 배경이 너무 아름답게 찍힐 것 같아서요. 찍어드릴게요."

축구, 농구, 배구, 야구 등
다양한 종목 중에서 **날씨의 영향을**
가장 크게 받는 종목은 어떤 것일까요?

▶우선 실내 종목인 농구, 배구는
날씨와 크게 상관관계가 없다고 볼 수 있습니다.

야구 역시
우천 시에는 경기를 하지 않고,
고온다습한 날씨나 바람이 많이 부는 날씨 등
양팀 모두 **동일하게 적용**이 되기에
상대적으로 덜한 편입니다.

❗물론, 투수 유형(뜬공투수)에 따라
영향이 있을 수는 있으나 통용되는 것은 아닙니다.

가장 영향을 크게 받는 종목은 **축구**입니다.

그 중에서도 약팀보다
강팀에 영향이 더 크다고 볼 수 있습니다.

팀 스타일마다 차이가 있겠지만

강팀일수록 상대팀보다 경기를 더 점유하기에
패스 횟수가 많고

비가 오거나 바람이 많이 불면 실책성 플레이가
확률적으로 많이 나올 수 밖에 없습니다.

수비시에도 마찬가지입니다.

날씨가 좋지 않을 때는
핸디캡 패배 혹은 **역배**를 노리는 것도
하나의 전략입니다.

Check Point!

날씨로 인한 영향이야 두 팀 다 받지만
변수없이 일반적으로 플레이하면
이길 확률이 높은 팀은 **강팀**입니다.

괜한 변수가 생길수록 손해보는 쪽은
강팀일수밖에 없습니다.

chapter

56 미 프로스포츠 분석

셀카

호찬은 노을 진 바다와 하늘을 배경으로 혜진의 모습을 사진에 담았다.

아쉬웠다.

사진은 그가 보는 그녀의 아름다움을 다 담지 못했다.

호찬이 찍은 사진을 확인한 혜진이 만족했는지 배시시 웃었다.

"저도 찍어드릴게요."

"안 찍어도 되는데……."

"빨리 이쪽으로 와요."

혜진의 단호한 어조에 호찬이 쭈뼛쭈뼛 그녀가 사진을 찍은 곳으로 걸어갔다.

호찬이 어정쩡한 자세로 서 있자 사진을 찍어주려던 혜진이 웃음을 터뜨렸다.

"뭐해요. 이렇게 좋은 배경을 두고."

"사진을 잘 안 찍어서 뭔가 어색하고 민망하네요. 그냥 대충 찍어줘요."

"아까 투덜이 사진 기사님은 열정적으로 찍어주시던데. 저도 이렇게 무릎 꿇고 찍어줄까요?"

"그만 놀려요."

혜진의 장난에 호찬이 웃으며 툴툴거렸다.

호찬의 자세를 바꾸라고 말하던 혜진이 고개를 가로저으며 그에게 다가섰다.

"사진 잘 안 찍던 사람이 혼자 찍어서 그런가 봐요. 붙어봐요. 셀카로 같이 찍어 줄게요."

호찬의 곁에 선 혜진이 팔을 뻗어 화면에 둘을 담았다.

핸드폰에 비친 호찬과 혜진의 얼굴은 발갛게 물들어 있었다.

"더 붙어요. 얼굴이 잘리잖아요."

호찬은 혜진의 지시에 그녀의 옆에 바짝 붙었다.

바람에 흔들거리는 머리칼에서 나는 향기가 코를 간지럽힌다.

심장이 제멋대로 쿵쾅거린다.

"봐요. 같이 찍으니까 덜 어색하죠?"

혜진이 방긋 웃으며 물었다.

그녀의 얼굴은 여전히 발갛게 달아올라 있었다.

호찬은 혜진에게서 눈을 뗄 수 없었다.

석양으로 인해 붉게 물든 그녀의 얼굴은 너무나도 매력적이어서 단 한 순간도 놓치기 싫을 정도로 아름다웠다.

혜진은 호찬의 타오르는 시선에 붉게 물든 얼굴을 숙였다.

"오빠! 언니!"

양손에 커피를 쥔 지온과 정은이 저 멀리에서 소리치며 걸어왔다.

MLB, NBA 등 미국 프로 스포츠들을
분석할 때는 ESPN**을 활용**하면
쉽고 빠르게 데이터들을 찾아낼 수 있습니다.

ESPN 은 미국의 스포츠 전문
텔레비전 네트워크입니다.

공식 홈페이지에 들어가게 되면
WWW.ESPN.COM

수많은 **스포츠 관련 뉴스**와
스텟 및 **이슈**를 확인할 수 있습니다.

미국 기업이기에 MLB와 NBA, NFL 위주의
정보를 다루고 있으며

특히나 **MLB**는 아주 상세한 데이터까지 있으며
NBA 역시 부상자와 스텟 등
다양한 정보를 보여주고 있습니다.

다른 것 없이 ESPN만 잘 활용하여도
더 높은 적중률을 얻으실 수 있습니다.

전문 용어는 정확하게 번역이 안될 수도
있습니다.

('2루 베이스 혹은 2루타' 를 뜻하는 **2B**는
복식이라고 번역되며, '볼넷'을 뜻하는 **BB**는
산책이라고 번역되기도 합니다.)

간단한 전문 용어 정도는 알고 가는 것이
좋습니다.

57 강등 버프

치킨 한 마리

집으로 돌아가는 차 안.

피곤했는지 지온과 정은은 서로 머리를 기댄 채 곤히 자고 있었다.

바다를 향해 갈 때만 해도 쉴 새 없이 수다를 떨어 시끄러웠지만 돌아가는 차 안에는 둘의 색색거리는 숨소리만이 들렸다.

"호찬씨."

"네."

적막을 깬 것은 혜진이었다.

"호찬씨가 술집에서 했던 말, 혼자 곰곰이 생각했어요."

"네."

"어릴 때 일이라 잘 기억은 나지 않지만, 분명히 아버지와의 추억이 있어요. 어릴 때 아버지가 사 온 치킨 한 마리를 엄마하고 셋이서 먹으며 주린 배를 채울 땐 행복했던 것 같아요."

나지막이 말하고 있는 혜진의 목소리에 그 시절에 대한 그리움이 묻어나왔다.

"그땐 비록 가난하지만 행복했는데. 엄마도 건강하고. 온 가족이 웃으며 대화를 나눴었는데. 왜 이렇게 된 걸까요."

"……."

"돈이 뭐라고, 돈이 뭐 그렇게 좋다고. 아버지는 집에 오지도 않고 엄마에게 돈만 줬어요. 이후부터는 온 가족이 다 같이 치킨을 먹을 수 없었어요."

혜진의 눈에 눈물이 차올랐다.

“엄마가 병으로 돌아가시고 아버지가 찾아왔을 때 원망스러웠어요. 무슨 염치로 왔냐고 막말도 했어요. 참 나쁜 딸이죠.”

“아니에요. 이해해요.”

혜진이 목멘 소리로 말을 이었다.

“원망하는 마음은 시간이 지날수록 점점 작아졌어요. 그럴 때마다 엄마를 생각하면서 다짐했어요. 아버지는 나쁜 사람이다. 내가 아버지를 용서하면 혼자 세상을 떠난 엄마만 불쌍해지는 거야.”

“혜진씨.”

“아버지를 볼 때마다 어릴 때 온 가족이 다 같이 먹은 치킨 1마리가 생각났어요. 이제는 엄마도 없는데. 다 같이 먹을 수도 없는데. 호찬씨, 제가 아버지를 용서해도 되는 걸까요? 제가 입은 상처를 이유로 저도 똑같이 아버지의 상처를 후벼 파고 있는 것 같아요.”

말을 끝마친 혜진이 쌓인 감정을 주체하지 못하고 울음을 터뜨렸다.

호찬은 말없이 운전대를 잡지 않은 손으로 그녀의 손을 어루만지며 위로했다.

따뜻했다.

따뜻한 손만큼이나 따뜻한 마음씨를 지닌 그녀는 자신의 상처보다 다른 사람의 상처만을 걱정했다.

어머니가 받았을 상처. 그리고 아버지가 받았을 상처.

자신의 상처는 돌보지 않은 채 보여주었던 밝은 미소가 생각나 가슴이 먹먹했다.

축구에서 강등이란 시즌 최종 순위에 따라
최하위 2~3개 팀(리그별로 상이)들이 현재 소속된 리그보다
한 단계 낮은 리그로 떨어지는 것을 의미합니다.
[1부리그 ▸▸ 2부리그]

강등버프 란
강등을 당하지 않기 위해 **하위권(강등권)팀**들이
원래의 경기력보다 더 향상된 경기력을 보이는 것
을 뜻합니다.

그렇다면,
강등 버프는 실제로 존재하는 것일까요?

✔스포츠는 종목을 불문하고
시즌 종료에 임박할수록 우승권 다툼도 치열하지만
강등권 싸움 역시 치열합니다.

야구, 배구, 농구는 강등이 대부분 없지만
몇몇의 축구 리그에서는 2부리그 조차
3부리그로 강등시키는 제도를 펼치고 있습니다.

그래서 항상 **시즌 후반**에는
강등권 팀들이 살아남기 위해
상위권 팀을 잡아내는 **이변이 속출**합니다.

승리하지 못하더라도 무승부를 통해
승점 1점이라도 획득하려고 하며
이는 실제 데이터와 통계로도 증명 된 사실입니다.

Check Point!

강등권에 있는 팀들은
항상 조심해야 합니다.

이변이 많이 발생하기에 베팅 시
제외하거나 이를 역이용하는 것이
좋습니다.

58 가장 좋은 베팅 타이밍

셔터 닫고 소리 질러

"마음이 좀 진정됐어요? 그래도 마음 속의 울분을 내뱉으니 속이 좀 편안해졌죠?"

"네."

호찬의 물음에 혜진이 훌쩍거리며 답했다.

"아버님하고 둘이 마음 터놓고 이야기 나눠봐요. 대화를 나눠보면 답이 보일 거예요."

호찬의 말에 혜진이 고개를 끄덕였다.

그렇게 다시 찾아온 적막에 호찬이 입을 열었다.

"그런데 운명이란 게 참 얄궂어요. 저는 혜진씨 아버님에게 토토에 대해서 배우고, 반대로 동생 지온이는 혜진씨에게 편의점 일을 배우고. 뭔가 묘하지 않아요?"

"그렇네요. 그 많은 사람 중에 어떻게 이럴 수 있어요. 신기해요."

혜진이 옅은 웃음을 지었다.

"어! 울다가 웃으면……."

"재미없으니까 거기까지 하세요!"

"예, 알겠습니다. 본부대로 합죠. 여부가 있겠습니까."

과장된 어조로 말하는 호찬 때문에 혜진이 결국 웃음을 터뜨렸다.

쿵쿵쿵.

전귀가 뛰어오는 소리에 지축이 울렸다.

토토방에서 전귀가 오기를 기다리고 있던 호찬은 잔에 담긴 커피에 파문이 생기는 것을 목격했다.

"조사장, 술 내오게."

"여기서는 술 판매나 마시는 것이 안 되는 거 알지 않나?"

"그럼 셔터 닫고 술판이나 벌이세."

"아니, 퇴근시간대인 지금부터 대목인데 지금 가게 문 닫으면 난 뭘 벌어 먹고사나."

점장이 볼멘소리를 내었지만 전귀는 막무가내였다.

"매출? 오늘 벌 수 있는 매출 내가 준다. 빨리 술 꺼내와."

"자네 왜 이러는가."

"병식아, 내가 지금 누구하고 있다가 온 건지 알아? 내 딸, 이쁘고 착한 내 딸하고 있었다고! 오늘같이 기분 좋은 날 술과 함께해야지. 안 그런가?"

전귀는 한껏 상기된 얼굴로 소리쳤다.

저렇게 감정을 절제하지 않고 드러내는 모습은 처음 보는 것이었다.

기쁜 감정을 주체하지 못하고 있는 전귀의 모습에 호찬은 혜진과 대화가 잘 되었음을 짐작하고 은은한 미소를 지었다.

가장 좋은 베팅 타이밍은 종목불문
조별예선 마지막 경기라고 볼 수 있습니다.

월드컵, WBC, 올림픽, 아시안컵,
챔피언스리그, 유로파리그 예선 등 이
이에 해당합니다.

예선 매 경기가 모두 중요한 것은 사실이지만
마지막 경기 만큼은
기본적으로 앞선 경기들을 통해
팀들간의 전력이 확연히 드러나 있습니다.

또한, 이미 **상위 라운드 진출**이 확정된 팀과
탈락이 확정된 팀이 있을 수도 있으며

무조건 승리를 거둬야 하는 팀과
패배해도 전혀 상관없는 팀도 있습니다.

이를 통해 전략, 전술 등이 예상 가능합니다.

✔ **명확한 동기부여**가 주어져 있으며,
✔ **전력도 드러난 상황**이기 때문에
분석하기에 가장 좋으며

분석과 실제 경기 결과가
정확히 일치하는 경우가 매우 많습니다.

이 구간에서만큼은
평소보다 베팅 금액을 올려서
승부수를 띄워도 될 정도로
좋은 타이밍입니다.

59 분산과 집중

롯데월드

거리에 나온 모든 사람들이 축제의 분위기를 느낄 수 있었다.

거의 모든 곳에는 크리스마스 트리가 장식되어 있었고, 트리가 없더라도 크리스마스를 알리는 장식들이 축제의 분위기를 더하고 있었다.

그것은 롯데월드도 마찬가지였다.

롯데월드에 있는 초대형 크리스마스 트리에 많은 사람이 모여 있었다.

초록빛 드레스에는 형형색색으로 밝게 빛나는 종과 황금빛으로 반짝이는 별, 하얀빛을 발하는 눈꽃 모양의 조명들이 수놓아져 화려함을 더했다.

"분명히 올 때는 4명이었는데 왜 우리밖에 없을까요?"

호찬이 중얼거렸다.

사람이 많은 것이 싫어 크리스마스는 집에서 보내리라 결심했던 호찬은 지온의 성화 때문에 이곳에 오게 되었다.

겨울 바다를 갔었던 혜진과 지온, 정은이 함께 왔지만, 인파에 밀리다 보니 어느새 그들을 놓쳤다.

다행히 혜진은 근처에서 찾을 수 있었지만, 동생은 볼 수 없었다.

"문자 왔는데 자기들끼리 놀겠다는데요."

"네? 아니, 오빠도 같이 가자고 그렇게 찡찡거리더니 막상 오니까 헌신짝 버리듯이 버리네요."

"사람 많아서 저희 찾으러 오기 귀찮대요. 우리끼리 놀죠."

문자를 확인한 혜진이 배시시 웃었다.

그녀의 미소에 호찬은 투덜거림을 멈출 수밖에 없었다.

저렇게 좋아하는데 분위기를 깰 수 없었다.

“그래요. 기왕 이렇게 된 거 재밌게 놀다 가죠.”

“네.”

호찬은 주변을 둘러보았다.

크리스마스라 그런지 주변에 있는 대부분이 커플로 함께 사진을 찍고 있었다.

“주변에 전부 커플이네요. 솔로인 사람 서러워서 밖에 나오겠나. 크크.”

호찬이 자조적으로 웃었다.

작년 크리스마스에는 자신도 커플이었는데.

겉은 웃지만, 속에서는 눈물이 흐른다.

“이렇게 손잡고 걸으면 우리도 커플로 보이지 않을까요?”

혜진이 호찬의 손을 맞잡으며 말했다.

혜진은 크리스마스 분위기에 취해 호찬에게 살갑게 다가왔다.

얼굴이 붉어진 것이 부끄러워하지만, 생글생글 웃는 것이 장난기가 가득하다.

차가웠던 손에 온기가 더해지고 설렘이 마음을 간지럽힌다.

호찬도 장난기가 생겨 빙긋 웃었다.

“그럼 오늘 하루 우리 커플 하죠. 자, 따라 해봐요. 오빠.”

“오빠…….”

혜진이 작은 목소리로 따라했다.

“잘했어요. 일일 커플이니까 오늘이 처음이자 마지막 데이트네요.”

베팅을 하다 보면

의외로 **경기 수가 많이 없었을 때**
(선택지가 적을 때)
적중률은 더 높게 나올 때가 있습니다.

그 이유는 바로
분산과 집중의 차이 입니다.

2폴더(2경기) 베팅을 한다고 가정할 시

100경기가 있다면 많은 경기들을
분산해서 얕게 분석하게 되지만

10경기 밖에 없다면, 딱 10경기만
집중해서 깊게 분석하기 때문입니다.

"그렇다면, **매번 집중분석만** 하면 되는 거 아닌가요?"

하지만, 10경기밖에 없을 때
10경기 모두 고만고만한 경기들만 모여 있다면
집중분석의 의미가 퇴색됩니다.

▸▸ 집중해서 깊게 분석을 한다 하여도
특별히 좋은 경기를 찾아낼 수 없기 때문이죠.

그렇기에, 일반적으로는
선택지가 많은게 무조건 유리하다고 볼 수 있습니다.

Check Point!

경기수가 많든 적든
각각의 장단점이 존재하는 법입니다.

상황에 따라 바로바로 유연하게
대처할 수 있도록 나만의 원칙을
정해놓는 것이 중요합니다.

60 구장별 특성

화려한 조명이 그녀를 감싸고

사람이 많아도 너무 많았다.

크리스마스를 연인과 즐기기 위해, 친구와 즐기기 위해, 가족과 즐기기 위해 찾아든 인파는 너무나도 많아서 어트랙션 하나를 타려면 오랜 시간을 기다려야 했다.

호찬은 왠지 고개를 들 수 없었다.

머리 위에 쓴 머리띠 본연의 무게는 가벼울 테지만 호찬이 감당하기엔 너무 무거웠다.

호찬의 얼굴은 머리 위에 쓴 붉은색 하트 머리띠만큼이나 붉게 물들었다.

"이거 꼭 써야 해요?"

창피함으로 얼굴이 붉어진 호찬이 물었다.

"네, 오빠. 우린 일일 커플이니까요. 커플 머리띠 다들 하잖아요."

호찬과 똑같은 머리띠를 쓴 혜진이 빙긋 웃으며 단호한 태도를 보였다.

호찬은 주변의 커플들을 둘러보았다.

당당히 쓰고 있는 남자도 있었지만, 대부분이 쑥스러워하고 있었다.

"아니, 그래도 이건 조금……."

"오빠, 우리 마지막 데이트에요. 저는 오빠가 이걸 꼭 쓰는 게 좋아요. 이것 봐요. 불도 이렇게 들어와요. 너무 이쁘지 않아요?"

호찬은 혜진의 머리 위에 반짝반짝 빛나는 머리띠를 보며 쓴웃음을 지었다.

혜진의 얼굴도 자신만큼이나 붉었다.

분명 창피해하는 것 같은데 장난을 멈추지 않고 있다.

'내가 더 짓궂게 하면 그만두려나.'

호찬의 속마음을 모르는 혜진이 호찬의 손을 잡았다.

따스한 손이 잠깐 스쳐 지나간 생각을 바로 지운다.

"오빠, 우리 저기 가요."

오빠라는 소리가 이제 입에 익숙해졌는지 거리낌 없었다.

지금까지 호찬씨, 혜진씨하며 격식을 차렸던 것이 멀게만 느껴졌다.

혜진의 손에 이끌려 간 곳은 매직캐슬이었다.

화려한 조명이 성을 감싸 주위를 환하게 밝히고 있었다.

크리스마스라고 초록빛과 붉은빛이 섞인 조명은 분위기를 한층 고조시켰다.

"오빠, 저 예뻐요?"

혜진이 형형색색의 조명 아래에 서서 뒤돌아보며 말한다.

허리까지 내려온 긴 머리카락이, 한 박자 늦게 등에서 흩날렸다.

화려한 조명이 그녀를 감쌌고 호찬의 시간은 멈추었다.

길 위에 수많은 사람이 있었지만 호찬의 눈에는 그녀만이 보였다.

호찬은 넋을 잃고 그녀를 바라만 보았다.

종목별로 다르지만
일반적으로 실내 종목인 **농구·배구**는
구장별 특성차이가 상대적으로 없다고 볼 수 있습니다.

물론 예외적인 경기장도 존재합니다.

농구
콜로라도 주 덴버 고산지대에 위치한
덴버의 홈구장 **볼 아레나**

축구 역시
고산지대에 있는 구장에서는
어려움이 따를 수 있으며
이는 지리적인 특성이라고 할 수 있습니다.

그 외 관중(훌리건), 위압감 등 이 있을 수 있지만
구장별 이라기보다는
홈팀의 이점이라고 볼 수 있습니다.

가장 민감하게 작용하는 종목은 **야구**입니다.

야구는 '파크팩터' 라는
데이터 지표까지 존재할 정도로
구장별 특성 차이가 크게 나는 종목입니다.

(Chapter37 파크팩터)

파울 지역이 넓거나 펜스가 높아
투수에게 유리한 구장이 있으며

경기장 자체가 작고 고산지대에 있어
홈런이 많이 나오는 구장도 있습니다.

다양한 구장별 특성만 보더라도 경기에서

타격전이 될지 **투수전**이 될지
다득점 경기가 될지 **저득점 경기**가 될지

등 다양한 예측을 할 수 있습니다.

아이스 링크장

삭삭.

날카로운 날에 얼음이 갈리는 소리가 들린다.

호찬이 정신을 차리고 보니 혜진의 손에 이끌려 아이스 링크장에 와있었다.

"나 처음 타보는데."

스케이트를 신은 호찬이 어색한 걸음걸이를 옮기며 말했다.

언제부터인가 호찬이 존대말을 쓰지 않고 말을 놓았지만, 그녀는 신경 쓰지 않았다.

"저도 처음 타봐요."

그런 호찬과 달리 혜진은 안정적인 발걸음으로 링크장을 향하여 걸었다.

서늘한 냉기가 아래에서부터 올라온다.

호찬은 아이스 링크장에 발을 내딛었다.

"푸훗."

호찬의 다리가 사시나무 떨리듯 흔들리는 것을 본 혜진이 웃음을 터트렸다.

호찬의 얼굴이 붉게 물들었다.

"혜진이 넌 얼마나 잘 타는지 보자. 잘 타네……."

호찬의 얼굴이 울상이 되었다.

혜진은 능숙하게 얼음 위를 미끄러져 나갔다.

깔끔하게 턴을 한 그녀가 호찬의 옆으로 돌아왔다.

"뭐라고 했어요?"

"아니, 너 잘 탄다고 칭찬했어."

호찬이 겸연쩍은지 씩 멋쩍은 웃음을 보였다.

"오빠, 운동신경 정말 없네요."

"내가 동계 스포츠와 안 친해서."

호찬의 헛소리를 가볍게 무시한 혜진이 호찬의 손을 잡았다.

"제가 도와줄게요. 다리에 힘주고 그냥 제가 이끄는 대로 따라와 보세요."

호찬은 혜진의 도움을 받아 천천히 움직였다.

그 순간 호찬이 몸이 기우뚱하며 뒤로 넘어갔다.

그의 손을 맞잡고 있던 혜진도 그의 무게에 딸려 넘어졌다.

쿵.

둔중한 소리가 아이스 링크장에 울려 퍼졌다.

호찬은 얼떨결에 자신의 몸에 올라타게 된 혜진을 온몸으로 느낄 수 있었다.

그녀와 얼굴이 너무 가까웠다.

혜진이 내쉬는 숨결이 얼굴에 느껴졌다.

놀란 눈을 뜨고 있던 하얀 얼굴이 삽시간에 발갛게 물든다.

심장이 제멋대로 두근거린다.

"혜진아, 미안해. 어디 다친 데 없어?"

"네, 전 괜찮아요. 오빠는요?"

혜진이 벌떡 몸을 일으키며 묻는다.

호찬은 혜진의 도움을 받으며 간신히 일어섰다.

"나도 괜찮아."

얼굴이 발갛게 물든 둘 사이에 어색한 기류가 흘렀다.

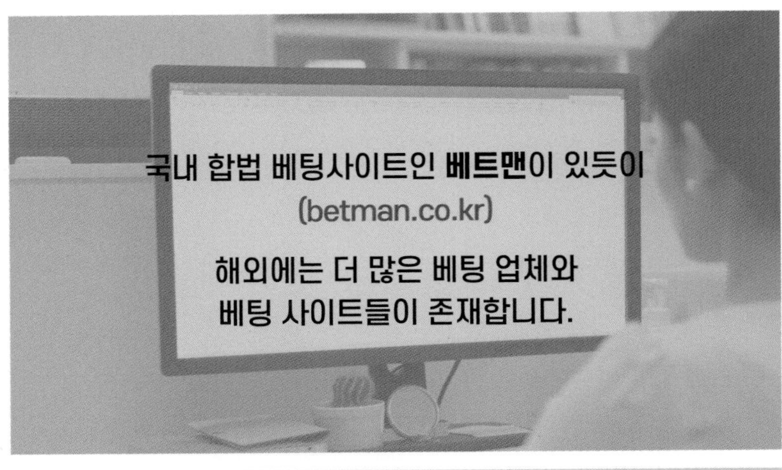

차이점이라면

해외는 더 많은 종목과 경기들을 다루고 있으며
환급률이 다릅니다.

국내 스포츠토토	해외
85~87%	**95%** 내외

(**Chapter6** 배당이란)

그래서 **환급률의 차이**를 이용한
분석 방법도 존재합니다!

예를 들자면 국내야구 경기 기준

홈팀의 승리가 해외 배당으로 **1.9 배당**이 나왔다면
국내 환급률로 치환 시 홈팀의 승리는
1.72 배당을 받아야 합니다.

※ 환급률 95% 기준 1.9 배당은 확률 50%
환급률 86% 기준 1.72 배당은 확률 50% 로 **동일**!

하지만 국내 배당이 **1.71 이하**로 나왔다면
해당 경기 홈팀의 승리 확률이
조금 더 올라갔다고 해석할 수 있습니다.

국내 배당률 책정가들이 배당을 책정할 때
홈팀의 승리 확률이 50%보다 더 높다고
분석되었기에
배당을 낮게 설정한 것이기 때문입니다.

Check Point!

국내 경기 만큼은
국내 배당률 책정가들이 해외보다는
더 많은 정보를 가지고 있기에
배당 책정에 있어 조금 더 정확하다고
볼 수 있습니다.

절대적이지는 않지만 참고 정도는
할 가치가 있습니다.

chapter 62 해외배당 활용

화이트 크리스마스

호찬과 혜진은 석촌호수 공원을 거닐고 있었다.

계속된 어색한 기류에 호찬이 겸연쩍은 웃음을 지었다.

"지온이 이 녀석은 같이 집으로 가게 여기 와서 기다려 달라더니 언제 오려는지 모르겠네."

"조금 있으면 오겠죠."

호찬은 혜진이 바라보고 있는 곳으로 시선을 옮겼다.

잔잔하게 일렁이는 수면 위로 주변 건물의 불빛과 가로수를 휘감은 황금색 조명들이 한 폭의 그림을 그리고 있었다.

"오빠."

혜진이 호찬을 바라보며 떨리는 목소리로 말했다.

살짝 붉어진 얼굴의 그녀가 말을 이었다.

"저 무거웠어요?"

"풋."

생각지도 못한 질문에 호찬이 웃음을 터뜨렸다.

호찬의 반응에 혜진의 얼굴이 더욱 붉어졌다.

"진짜 무거웠어요? 아니죠? 장난이죠?"

"안 무거웠어."

허둥지둥하는 그 모습이 귀여워 호찬이 대답을 미루다 답했다.

"진짜죠?"

혜진이 발그레한 얼굴로 물어와 호찬은 고개를 끄덕였다.

어색했던 분위기가 한층 누그러졌다.

"어, 눈이다."

"올해는 화이트 크리스마스네요."

혜진이 하늘에서 떨어지는 새하얀 눈을 손으로 받으며 웃었다.

조금씩 떨어지던 눈은 이걸로 멈출 생각이 없는지 함박눈을 내리며 점점 쌓여갔다.

공원을 거닐고 있던 둘의 머리와 어깨에도 눈이 쌓였다.

"오빠, 고개 숙여봐요."

혜진의 말에 호찬이 고개를 숙였다.

혜진이 손으로 호찬의 머리를 툭툭 쳐 쌓인 눈을 치웠다.

"다 됐어요. 헤헤."

혜진이 해맑게 웃었다.

그 웃음이 너무나도 맑아 순간 정신이 멍해진다.

순백의 눈으로 된 모자를 쓴 머리칼도.

황금빛 조명을 받아 환하게 보이는 고운 얼굴도.

그녀의 곁에 내리는 하얀 눈꽃마저도.

숨이 멎을 정도로 아름답다.

호찬은 저도 모르게 그녀의 얼굴을 잡고 입맞춤을 했다.

촉촉한 입술의 감촉이 느껴지고 혜진은 놀란 눈으로 호찬을 쳐다본다.

"아직 우리 커플인 거 맞지? 놀랐다면 미안해. 나도 모르게."

혜진의 볼이 발그레 물들었다.

분석할 때 **해외 배당**을 활용하는
다양한 방법이 존재합니다.

그 중 쉽게 활용할 수 있는 간단한 방법을
설명드리겠습니다.

바로 배당의 흐름을 이용하는 것입니다.

국내 경기만 보더라도
핵심 선수가 경기에 출전 못 한다는
기사가 나오거나, 선발 투수가 갑자기 바뀐다면

해당 경기로 베팅 금액이 급격하게 몰려
배당이 변하는 모습을 볼 수 있습니다.

해외 경기 역시 마찬가지 입니다.

해외 경기에서 라인업이 변경되었다거나
특별한 이슈가 생긴다면
배당이 급변하게 됩니다.

해외배당의 흐름을 주목하면

남들보다 빠르게 놓친 변수들을 찾아
적중률 및 수익률을 높일 수 있습니다.

(**Chapter21** 배당 대비 이득인 경기)

Check Point!

실전에서 해외배당을 활용하기에는
국내 베팅 마감 시간이 밤 10시라
활용하기가 어려운 부분이 있습니다.

그렇기에 활용하기 가장 좋은 리그는
일본리그 입니다. 축구 및 야구를 포함하여
시간대가 국내와 똑같아서 실시간
배당변동을 체크하여 베팅을 하였을 시
가장 효용가치가 높습니다.

심판의 성향 활용

머지사이드 더비

탁.

호찬은 맥주를 뜯으며 스포츠 중계를 화면에 띄웠다.

마침 킥오프를 하며 경기가 시작되고 있었다.

–자, 이번 시즌 리그 첫 번째 머지사이드 더비 출발합니다. 화면 오른쪽이 홈팀 에버튼. 왼쪽이 원정팀 리버풀입니다.

–프리미어 리그의 더비 매치 중에서 옐로카드는 물론 레드카드가 제일 많이 나오는 더비죠.

–지난해부터 꾸준히 탑클래스 선수를 영입해 온 에버튼이기에 상당히 수준 높은 더비가 되기를 기대하고 있습니다.

경기는 이른 시간에 득점이 나왔다.

코너킥 라인 따라 페널티 박스 라인 쪽으로 파고든 윙백이 컷백을 시도했고 패스를 받은 공격수가 침착하게 마무리를 지었다. 특유의 시그니처 세레머니를 하는 선수에게 동료가 달려들어 기뻐했다.

"오늘 심판은 빡빡하네."

다른 심판이었다면 안 불었을 몸싸움도 일일이 파울을 선언하는 심판을 보며 호찬이 중얼거렸다.

에버튼 선수들이 모이며 항의했지만, 심판은 단호했다.

–알렉산더 아놀드. 프리킥 키커로 나섭니다.

—거리가 제법 멀어요. 슈팅보다는 크로스로 공격을 전개하겠죠.

—높이 뛰웁니다! 헤딩!

—골! 판다이크! 판다이크의 득점! 경기를 2점차로 벌립니다!

—리버풀은 세트피스 상황이 아주 반갑죠. 저번 시즌에도 세트피스 40골을 넘기며 리그 1위를 차지했거든요.

골을 넣은 선수가 포효하며 세레머니를 했다.

에버튼 선수들의 표정이 뭐라도 씹은 듯 구겨졌다.

이후 이어진 경기는 끔찍했다.

더비인지라 평소보다 흥분한 선수들은 태클을 거침없이 하고 거친 몸싸움을 마다하지 않았다.

거기에 파울을 잘 불며 경고 카드를 많이 내는 심판이 합쳐지니 선수들의 흥분은 쉽게 가라앉지 않았다.

추가 득점을 알리며 2:2로 승부를 원점으로 되돌린 에버튼과 리버풀, 두 팀의 경기는 결국 파국으로 치달았다.

"오우……."

경기를 지켜보던 호찬이 얼굴을 찌푸렸다.

선수 한 명이 돌아간 발목을 보며 고통스러운 비명을 내질렀다.

경기는 각 팀 한 명씩 퇴장을 당하고 여러 장의 옐로카드를 나눠 가지며 끝이 났다.

'경기의 분수령은 심판이었네. 파울을 많이 부니까 세트피스에 자신이 있던 리버풀이 골을 넣었어. 더비 특유의 몸싸움에도 파울 선언으로 선수들의 불만을 고조시켜서 이런 결과로 이어진 거야.'

심판의 성향을 확인하는 방법은
과거의 기록지를 찾아보는 방법밖에 없습니다.

심판이 어떤 생각을 가지고 있는지
우리는 전혀 예상할 수 없기 때문입니다.

일반적으로 심판을 활용하려면
카드 기록을 확인하는 것이 가장 좋습니다.

혹은 경기 파울 횟수, 패널티킥 선언 횟수,
경고 퇴장 횟수 등을 확인하면
심판의 성향을 한 눈에 확인할 수 있습니다.

예를 들어
경고 카드를 많이 내는 심판이라면
거친 플레이 혹은 몸싸움을 강하게 하는 팀들이
불리할 것입니다.

플레이가 움츠러들수밖에 없기 때문입니다.

또한, **파울을 잘 부는 심판**이라면
프리킥 찬스가 자주 오기에
▼
세트피스에 강점이 있는 팀이 유리하다고
볼 수 있습니다.

Check Point!

심판의 성향을 데이터베이스 해 놓으면
계속해서 활용할 수 있습니다.

다른 사람들에게는 없는
나만의 노하우가 될 수 있습니다.

우천 취소

"크리스마스에는 눈이 내리더니 오늘은 갑자기 비가 내리네요."

호찬이 창밖을 바라보며 말했다.

추적추적 내리는 빗물이 창문을 타고 흘러내리는 것이 감성에 젖어 들게 만드는 것 같아 계속 쳐다보게 되었다.

"비를 보니 오늘 가르쳐 줄 것은 우천취소를 활용한 베팅이다."

"네? 야구는 지금 경기도 없잖아요."

"멍청한 놈. 토토 1년만 하고 그만두려고? 이제 빚 다 갚아 간다고 필요 없는 것이냐? 다음 시즌도 생각해야지."

전귀가 성난 어조로 꾸짖음에 호찬이 생각에 잠겼다.

스포츠 토토.

비록 전귀의 도움이 있었지만, 몇 년을 시달려 온 빚에서 벗어나게 해준 고마운 존재다.

이제 얼마 남지 않은 빚을 다 갚았다고 하면 자신이 토토를 그만두게 될까?

적중을 했을 때, 온몸에 전율이 이는 이 짜릿함을 잊고 살아갈 수 있을까?

아니, 잊을 수 없다.

전귀의 노하우를 스펀지처럼 빨아들이게 된 순간부터 스포츠 토토에서 벗어날 수 없다.

"가르쳐주세요."

생각을 정리한 호찬이 굳은 결의를 띤 얼굴로 말했다.

"불법 토토와 다르게 스포츠 토토는 한 경기 베팅이 불가능하지."

"네, 최소 2경기 이상 해야 하잖아요."

"적중 확률이 높은 경기가 1경기만 있으면, 2경기를 해야 하기에 적중 확률이 떨어지지. 그럴 때 우천취소를 활용하면 된다. "

전귀는 호찬을 바라보며 말을 이었다.

"먼저 적중 특례를 알아야한다."

"적중 특례요?"

"적중특례는 대회가 개최되지 않거나, 개최하더라도 경기결과를 확인할 수 없는 경우로 배당이 1.0으로 취급되는 것을 말한다. 우천취소가 여기에 해당하지. 좋은 경기에 우천취소가 예상되는 경기를 조합한다면 한 경기 베팅이 가능해지지."

"우천취소가 되지 않는다면요?"

"뭐 적중하거나 미적중하겠지. 그러니까 날씨예보를 베팅직전까지 확인해야 한다. 확신이 섰을 때 활용하는 판단력을 길러야지."

말을 마친 전귀가 남아있는 커피를 단번에 들이켠 뒤 자리에서 일어났다.

"딸이 우산이 있으려나. 조사장, 이 우산 좀 들고 가겠네."

"아니, 난 뭐 쓰라고 그걸 들고 가는가."

점장이 뒤늦게 외쳐봤지만 전귀는 이미 토토방을 나선 뒤였다.

분석을 완벽하게 끝내서
적중을 확신하고 있는 경기가

우천으로 인하여 경기 취소가 되면
그렇게 허무할 수가 없습니다.

그런데 말입니다.

반대로 **우천 취소를 이용**해먹는 방법이 있다면
믿으시겠습니까?

잘 아시다시피
국내 스포츠토토에서는 단폴더(한 경기) 베팅이
되지 않고, 최소 2경기 이상 선택하여야 합니다.

좋은 경기가 한 경기 밖에 없음에도
억지로 2경기 이상을 끼워 맞춰 베팅을 해야 하기에
적중률이 떨어질 수밖에 없습니다.

그러나 비 예보가 되어 있어
우천 취소가 확실시되는 야구 경기가 있을 시

좋은 경기 + 우천취소예상경기(적중특례)를
함께 묶어서 베팅한다면
야구가 취소 되는 순간

좋은 경기 한 경기(단폴더)로 베팅한 것이 됩니다.

이를 잘 활용하면 단폴더 베팅이 가능하며
더 높은 적중률과 수익률을 거둘 수 있습니다.

적중특례
선택한 대상경기가 개최되지 않거나, 개최되었더라도
경기결과를 확정할 수 없는 경우 **해당 경기는 1.0배로 처리**한다.

Check Point!

하지만 우천취소를 예상했던 경기가
취소되지 않는다면
큰 낭패를 볼 수 있습니다.

그러니 날씨예보를 **베팅 직전까지 확인**하고
정말 확실시 될 때만
이 방법을 사용하도록 합시다.

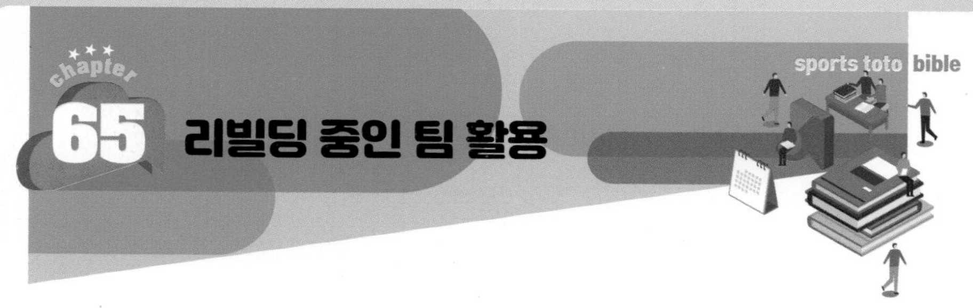

65 리빌딩 중인 팀 활용

리빌딩

호찬과 전귀는 혜진이 일하는 편의점 안에 놓인 테이블에 앉아 있었다.

"축구와 달리 농구, 배구, 야구는 리그 최종순위가 낮을수록 다음 시즌 드래프트에서 상위 순위를 차지하는 이점이 있지. 좋은 신인 선수를 뽑기 위해 경기를 패배하기도 한다."

"리빌딩을 말씀하시는 거죠?"

"그렇지. 유망주가 많이 나오는 NBA나 MLB에서 자주 볼 수 있지. 좋은 선수를 얻기 위해서 이번 시즌의 순위는 완전히 포기하고 일부러 패배하는 것을 활용해야 한다."

전귀는 카운터에 있는 혜진을 바라보며 커피를 호록 마셨다.

호찬과 대화를 나누고 있지만, 그의 시선은 혜진에게서 떨어질 줄 몰랐다.

"즉, 리빌딩 중인 팀은 리그 종료가 다가올수록 낮은 순위를 기록하려고 일부러 경기를 버리는 모습을 보이기 마련이다. 이런 것을 잘 캐치한다면 높은 적중률과 수익을 거둘 수 있다."

말을 마친 전귀가 자리에서 벌떡 일어섰다.

카운터 앞에서 술에 취한 남성이 동전을 집어 던지며 바락바락 소리를 지르고 있었다.

"내가 언제 라이터 산다고 했어? 불 한 번만 쓰고 돌려준다잖아. 젊은 년이 돈만 밝히기는. 옜다! 좋아하는 돈 실컷 가져라!"

"죄송합니다. 파는 물품이라 제가 임의로 드릴 수가 없어요."

혜진이 바닥에 나뒹구는 동전을 집으며 말했다.

전귀가 움직였다.

호찬이 전귀의 바짓가랑이를 붙잡았다.

"참아야 해요. 이럴 때마다 난동 부리시면 혜진이도 곤란해져요."

호찬은 전귀에게 매달린 채 끌려가며 다급한 어조로 부탁했다.

단단하고 두꺼운 두 다리는 호찬의 무게는 느껴지지 않는지 거침이 없었다.

"놔라."

전귀가 낮은 목소리로 으르렁거렸다.

"진상이 올 때마다 다 나서실 거에요? 전에 사람 때리기 직전까지 갔을 때에도 혜진이가 나서지 말아 달라고 얘기했잖아요. 약속을 지키셔야죠."

호찬의 말에 신음성을 삼킨 전귀가 다시 자리에 앉았다.

카운터에서 둘을 본 혜진이 안도의 한숨을 쉬는 것을 본 호찬이 엉망이 된 옷을 툴툴 털며 일어섰다.

"돈은 이미 많거늘. 왜 굳이 일한다고 해서 이 고생을 하는지."

"다음부터는 토토방에서 가르쳐주시면 안 됩니까?"

혀를 차며 불만을 드러내는 전귀에게 호찬이 물었다.

"내가 왜. 지금까지 못 봤으니 볼 수 있을 때 봐야지."

전귀는 혜진에게서 눈을 떼지 않았다.

리빌딩은
주로 유망주팜이 넓은
NBA와 **MLB**에서 통용됩니다.

쉽게 풀어 설명하자면
농구·배구·야구 등
리그 최종 순위가 낮을수록
다음 시즌 드래프트(신인선수 선발)에서
상위 순위를 차지합니다.

그렇기 때문에
좋은 선수를 얻기 위하여
이번 시즌은 순위를 완전히 포기하고
일부러 패배하는 팀들을

리빌딩 중인 팀이라고 볼 수 있습니다.

특히나 리빌딩 중인 팀들은
리그 종료가 다가올수록
낮은 최종순위를 기록하기 위해
일부러 경기를 버리는 모습을 많이 보여줍니다.

리빌딩 팀들을 베팅에 잘 활용한다면
높은 적중률과 수익률을 거둘 수 있습니다.

Check Point!

만년 리빌딩 팀이란 없습니다.

매 시즌마다 리빌딩 팀은 다르기에
현재 리빌딩을 진행중인 팀들을
잘 캐치해내는 것이 중요합니다.

chapter 66

버리는 경기 활용

오빠 겨울 싫어하잖아

시간은 흘러 이제는 겨울의 찬 기운이 완연했다.

영하까지 내려간 기온에 새하얀 눈이 내려와 세상을 하얗게 뒤덮었으며, 길을 걷는 사람들의 옷도 한층 두꺼워져 살을 에는 듯한 추위를 막아주었다.

"으으. 춥다 추워. 그냥 집에서 쉴 걸 그랬네."

집에 들어온 호찬이 몸을 털며 코를 훌쩍였다.

밖에서 턴다고 털었지만, 옷과 머리에 쌓인 눈이 바닥에 떨어졌다.

새해가 되어 운동하겠다고 결심한 지 불과 한 달도 채 지나지 않았다.

주말 아침마다 조깅을 하고 있지만, 코가 떨어질 것 같은 추위에 결심이 흔들리고 있었다.

우우웅.

핸드폰이 울리고 호찬은 전화의 발신자를 확인했다.

전화번호부에는 없지만, 눈에 익은 번호였다.

"오빠, 지금 집이지?"

막힘없는 목소리. 이미 헤어진, 옛 연인에게 하는 연락이지만 당당하게 말하는 수현이었다.

"집인데. 왜?"

"지금 나와. 나랑 갈 데가 있어."

"뭐? 가긴 어디를 가. 넌 어딘데?"

"나? 오빠 집 근처. 기다리고 있을 거야. 안 나와도 괜찮아. 나올 때까지 기다리지 뭐."

"야, 야!"

호찬이 다급하게 소리쳤으나 통화는 이미 끊겨있었다.

"어디 가려고?"

수현의 차, 조수석에 앉은 호찬이 창밖을 바라보며 물었다.

수북이 쌓인 눈이 휙휙 지나쳐 간다.

"우리 회사에서 이번에 워터파크 광고를 맡았어. 거기서 티켓을 줘서 오빠랑 가려고."

"그걸 왜 나랑 가냐."

"어어? 내가 같이 갈 사람이 어딨어. 난 오빠밖에 없는데."

반달을 그리며 환하게 웃는 특유의 눈웃음을 지으며 수현이 말했다.

"오빠, 추위 잘 타잖아. 매년 겨울마다 춥다고 투덜투덜. 그래서 내가 오빠를 위해 온천 스파를 준비했어."

"내가 언제 투덜거렸냐. 그냥 춥다고 했지."

"어머, 썸녀한테 왜 이렇게 퉁명스레 말해? 오늘도 분명히 춥다고 투덜거렸을 거면서."

호찬을 너무나도 잘 알고 있는 그녀였다.

서로 모르는 것이 없다.

어떤 음식을 좋아하는지 어떤 음식을 못 먹는지 확인하지 않아도 된다.

어떤 영화를 보고 싶은지 물어보지 않아도 된다.

계절은 어떤 것을 좋아하고 어떤 것을 싫어하는지 다 알고 있다.

오랜 시간을 같이 보냈던 지난 기억들은 여전히 남아있었다.

"아, 썸녀니까 오빠가 겨울 싫어하는지 모르는 척 해야 했나? 이건 내 실수."

프로 스포츠는
종목을 불문하고 시즌이 매우 길고
컵 대회 등 여타 다른 일정이 많기 때문에

매 경기마다 항상 베스트 멤버만을
내세울 순 없습니다.

상황에 따라 버리는 경기도 존재하는 것 이
프로 스포츠 입니다.

주전 멤버들의 체력, 컨디션 관리도 있을 것이며
비중이 낮은 대회나 이미 순위가 확정되었다면
최선을 다하되 모든 것을 쏟을 필요는 없다는 뜻입니다.

이러한 버리는 경기를 찾아내는 방법의 핵심은
바로 **'경기 일정'**을 확인하는 것입니다.

농구 의 경우
백투백 경기를 펼칠 때 주전들의 체력 안배를 위해
경기를 버릴 때가 있으며

야구 역시 다음 시리즈가 순위 싸움이거나
하위선발 혹은 불펜과부하가 왔을 경우
경기를 아예 던지고 **재충전의 시간**을 갖기도 합니다.

축구 는
리그 경기 일정 사이에 중요한 경기
(챔피언스 리그 등)가 있을 경우
앞선 리그 경기에 **로테이션 멤버를 내세우고**
다음 중요한 경기에서 올인을 하기도 합니다.

'경기 일정'을 확인하는 것이 핵심이며
다음으로는 주어진 상황을 분석하여
팀과 감독의 생각(성향)을
읽어내는 것이 중요합니다.

chapter

67 배당률 절상 활용

비키니

워터파크.

한겨울의 워터파크는 여름과 다른 매력을 보여주었다.

바닥의 색깔이 반사되어 에메랄드빛을 띠는 물 위로 하얀 김이 피어올랐으며, 야외 시설의 곳곳에 소복이 쌓인 순백의 눈은 이곳을 더욱 운치 있게 했다.

무엇보다 여름이었으면 인산인해였을 장소이지만 겨울의 워터파크는 그렇지 않아서 여유롭게 시설을 즐길 수 있어 보였다.

“썩 나쁘지 않네.”

끌려 온 호찬이 주변 정경을 바라보며 은은한 미소를 띠었다.

“오빠, 오래 기다렸어?”

호찬은 목소리가 들리는 방향으로 고개를 돌렸다.

그곳에 수현이 오고 있었다.

추위에도 불구하고 흔들림 없는 걸음이 그녀의 훌륭한 몸매를 더욱 빛내주었다.

촉촉이 젖은 웨이브 긴 머리칼을 묶어 올린 그녀의 고운 목선이 먼저 눈에 들어왔다.

백옥같이 새하얀 피부에 대비되는 검은색의 비키니는 그녀의 몸매를 여과 없이 드러내고 있었다.

자연스레 시선이 향할 수밖에 없는 볼륨감 있는 가슴.

운동으로 다져진 매끄러운 복부 아래로 시원하게 쭉 뻗은 긴 다리.

눈을 뗄 수가 없었다.

이 자리에 있는 어떤 여자보다도 아름다웠다.

할 수만 있다면 그녀의 모습을 사진으로 남겨 영원히 보관하고 싶었다.

이토록 아름다운 그녀의 모습을 단 한 순간이라도 놓치기 싫었다.

"오빠, 어때? 비키니 괜찮지? 오빠를 위해 준비했어."

수현이 몸을 한 바퀴 돌리며 몸매를 과시했다.

끈으로만 살짝 가린 뒤태가 이성을 잃을 정도로 너무나도 육감적이다.

"그렇게 입으면 안 추워?"

넋을 놓은 채 수현을 바라보던 호찬이 정신을 차리고 물었다.

호찬의 뜨거운 시선을 느낀 수현이 발걸음을 떼 호찬에게 바짝 다가갔다.

볼륨감 있는 가슴과 호찬의 가슴이 맞닿을 정도로 가까워지고 호찬은 수현의 뜨거운 숨결을 느낄 수 있었다.

"추우면 오빠랑 이렇게 붙으면 돼."

수현이 가늘고 긴 손가락으로 호찬의 가슴팍을 훑어내린다.

호찬이 몸을 움찔거리는 것을 확인한 수현이 입꼬리를 올리며 웃었다.

"오빠, 몸 좋아졌네. 나랑 사귈 때보다 더."

배당 1.01 두 경기를 선택하게 되면
적중배당률이 1.0201이 되어야 하지만
실제 베팅을 해보면 1.1 배당이 주어집니다.

1.01 1.01 ▸ ~~1.0201~~ 1.1

왜 그럴까요?
바로 배당률 절상 때문입니다.

'**적중배당률**은 선택 경기 배당률들의 곱이며
소수점 셋째 자리 절사 후 둘째 자리에서
절상됩니다.'

간단히 말해
뒷자리는 무조건 올림을 해준다는 뜻입니다.

1.89 배당이든 1.81 배당이든
둘 다 **배당률을 절상**하여
1.9 배당을 받습니다.

이 경우 1.89 배당보다
1.81 배당이 적중확률이 더 높음에도
같은 1.9 배당을 받는 것이기 때문에

적중확률이 높은 1.81 배당을
선택하는 것이 무조건 이득입니다.

즉, **배당률 절상**을 잘 활용하면
이자 놀이는 물론
작은 이득을 계속해서 취할 수 있습니다.

티끌 모아 태산입니다.

작은 이득이라도
계속해서 취해 나가는 습관을
들이는 것이 중요합니다.

chapter

68 잃지 않는 베팅

뇌쇄적인 그녀

"오빠, 어때? 이제 좀 따뜻해졌어?"

호찬은 장난기 가득한 미소를 지은 수현의 행동에 정신을 차릴 수 없었다.

너무나도 뇌쇄적이다.

비키니로 드러낸 글래머러스한 몸매도.

가슴팍을 어루만지는 그녀의 손에서 느껴지는 따스함도.

얼굴에 닿는 그녀의 뜨거운 숨결도.

귀를 간지럽히는 그녀의 나긋나긋한 목소리도.

자신의 반응을 즐기면서 생글생글 웃는 고혹적인 미소마저도.

자신을 미치게 한다.

이대로 그녀의 잘록한 허리를 꽉 끌어안고 진한 키스를 나누고 싶다.

불타오르는 사랑을 나누었던 이전처럼.

그녀를 품에 안고 뜨거운 숨결을 만끽하며 사랑을 속삭이고 싶다.

수현의 티 없이 맑은 눈이 말하는 것만 같다.

해. 오빠, 우리 다시 시작하자. 오빠도 키스하고 싶잖아. 나를 꽉 끌어 안아줘.

휘이잉.

호찬의 정신을 깨운 것은 추위였다.

추위에 몸을 바르르 떤 호찬이 퉁명스레 말했다.

"춥다. 빨리 물에 들어가자."

“치, 예쁘다고는 한마디를 안 해주네.”

수현이 입을 샐쭉 내밀며 투덜거렸다.

“그리고 옷 좀 입어라. 다 쳐다보잖아.”

“어머. 오빠, 다른 사람은 못 보게 하고 싶은 거야? 난 오빠만 봐주면 되는데.”

수현이 눈웃음을 치며 물었다.

“보는 내가 다 추워서 그런다.”

호찬은 김이 모락모락 피어오르는 물에 몸을 담갔다.

따뜻한 물이 온몸을 휘감았다.

수현과 대화를 나누는 동안 얼은 몸이 삽시간에 녹는 것이 느껴졌다.

“오빠.”

호찬의 옆에 들어온 수현이 나지막이 불렀다.

호찬이 고개를 돌려 그녀를 바라보았다.

“으앗.”

수현이 손바닥으로 튀긴 물에 호찬이 놀라며 손으로 막았다.

이대로 당하고만 있을 수 없던 호찬이 손으로 물을 튀겼다.

물을 맞은 수현이 짧게 비명 소리를 내었다.

“꺅!”

매혹적이었다.

허공에 흩어져 햇살을 받아 반짝거리는 물방울 사이에서 환하게 웃고 있는 모습이 너무나 매혹적이었다.

적중이 확실해 보이는 두 경기에
집중베팅(올인)하는 것이 좋을까요?

Vs

틀리지 않을 것 같은 10경기에
분산베팅하는 것이 좋을까요?

전자가 정답같아 보이지만,
스포츠 베팅에서는 **후자**가 맞습니다.

스포츠는 변수가 너무나도 많습니다.

야구는 1위 팀도 승률 7할조차 기록하지 못하며
축구팀 레알마드리드, 바르셀로나도
전승을 기록하진 못합니다.

스포츠 베팅은
잃지않는 것이 가장 중요합니다.

분산 베팅을 선택하여 **최소 적중률만 유지**해도
원금 보전을 시킬 수가 있습니다.

물론 정말 운이 좋지 않아
다 틀릴 수도 있지만

반대로 정말 운이 좋아
다 맞을 수도 있는 것입니다.

Check Point!

항상 명심하세요!

수익을 내는 것보다 **잃지 않는 것**이
중요하며, 잃지 않는다면
수익이 따라오게 되어 있습니다.

나를 위한 선물

집으로 돌아가는 차 안의 분위기는 한층 가벼워져 있었다.

헤어지고 난 후 약간의 거리감이 느껴졌던 둘의 거리는 제법 가까워져 있었다.

"오빠, 좋았지? 오길 잘했지?"

운전대를 잡은 수현이 호찬을 보며 묻자 호찬이 고개를 끄덕였다.

좋았다.

온몸을 따사로이 감싸주는 온천수는 피로를 풀어주었다.

자신의 몸매를 과감히 드러낸 수현과 함께 유수풀과 노천 스파 시설을 즐겼다.

이전에는 쌓지 못한 새로운 추억.

수현과 연애를 하던 때의 감정이 몽글몽글 피어올랐다.

"말로 표현해 줘. 오빠의 입으로 말해줬으면 좋겠어."

"그래, 좋았다. 고맙다. 데리고 와줘서."

"헤헤."

호찬의 감상을 확인한 수현이 배시시 웃었다.

차는 어느새 호찬의 집 앞에 도착했다.

"오늘 재밌었다. 고마워. 집에 조심해서 가고."

"오빠, 나 한 번만 안아줘."

마주 선 수현이 눈웃음을 지으며 부탁했다.

그 웃음을 거절할 수 없던 호찬이 그녀를 끌어안았다.

변하지 않은 그녀의 향기가 코를 간지럽힌다.

호찬이 좋아했던 그녀의 향수.

수현이 자신을 힘껏 끌어안는 것을 느낀다.

얼마나 끌어안았을까.

“오빠, 나 갈게. 다음에 봐.”

수현이 배시시 웃으며 자신의 차에 탔다.

호찬은 손을 흔들며 그녀를 배웅했다.

“오빠, 이리로 와봐. 할 말이 있어.”

“거기서 해도 되잖아.”

“안돼. 창피하단 말이야. 귓속말로 할 거야.”

호찬이 운전석으로 향해 걸어갔다.

운전석에 앉은 수현이 가까이 오라며 손짓했다.

“더 가까이 와. 빨리.”

호찬이 열린 창문으로 얼굴을 들이밀었다.

수현의 부드러운 손이 호찬의 얼굴을 감쌌다.

“……!”

호찬이 반응하기도 전에 입술과 입술이 맞닿았다.

겨울이라 건조한데도 그녀의 입술은 놀랍도록 부드럽고 촉촉했다.

입술을 비집고 들어오려는 혀에 호찬이 눈을 크게 뜨며 그녀를 밀어내었다.

“헤헤. 이건 나를 위한 선물. 갈게.”

리스크 관리, 즉 **위험관리**는
스포츠 베팅 뿐만 아니라 어떠한 영역에서도
중요하다고 볼 수 있습니다.

자, 그렇다면 그 중요한 리스크 관리
스포츠 베팅에서는 어떻게 해야 하는 것일까요?

분석을 하다 보면 가끔
'지면 조작이다.' '무조건이다!' '이 경기는 절대 틀릴 수 없다.'
농담같지만 정말로 이런 경기들이 보입니다.

하지만 리스크 관리를 위해서는
아무리 좋아보이는 경기가 있더라도
몰빵, 올인은 절대 하면 안됩니다.
그것이 리스크 관리의 첫 시작이자 마지막입니다.

'무조건' 일 것 같은 경기도
변수가 발생합니다.
사람이 하는 스포츠 이기 때문입니다.

위험을 분산시키기 위해서는 말 그대로
분산 베팅을 하는 것이 가장 중요합니다.

분산을 우선적으로 한 뒤

▼

그 외 **주력과 부주력을 나눠**
베팅 금액에 차이를 두거나

보험 베팅을 하는 방법

등으로 리스크 관리를 지속적으로 해야 합니다.

Check Point!

베팅에는 감정이 들어가면 안됩니다.

감정을 배제하고
기계적으로 **원칙대로**만 베팅하여야
제대로 된 리스크 관리가 가능합니다.

chapter

70 입문자 추천 조합법

터널에서 빠져나오다

[이체가 완료되었습니다.]

호찬은 핸드폰 화면을 보며 한숨을 내쉬었다.

"끝났어. 끝났다고……."

길어도 너무나도 긴 터널이었다.

아버지가 남긴 빚이라는 터널은 칠흑같이 캄캄했고 과할 정도로 좁아 호찬의 숨을 옥죄었다.

전귀를 만나고 터널에 희미한 빛이 보이기 시작했다.

그 빛을 따라 터널의 끝에 도달한 감상은 복잡했다.

한 편으론 허무하고, 한 편으론 기뻤다.

"아버지……."

복잡한 감정에 쓴웃음을 짓고 있던 호찬의 눈시울이 붉어졌다.

무엇 때문에 생긴 빚인지는 알 수 없었지만, 살아생전 내색 한 번 하지 않고 빚을 갚았을 아버지의 모습이 그려져 감정이 복받쳐 올랐다.

"나한테 얘기라도 하시지. 2명이 갚았으면 그렇게 고생하지 않으셨어도 됐을 텐데."

우우웅.

우우웅.

감정을 깨는 진동에 호찬은 문자를 확인했다. 2통의 문자였다.

[김호찬 고객님. 부채상환 완료하신 것을 진심으로 축하드립니다.]

[하이고. 김대리. 악착같이 갚더니 기어코 다 갚았네? 축하해. 앞으로 하는 일 모두 잘되고 항상 건강해라. 돈 필요하면 나한테 말해. 잘 갚기만 하면 기쁜 마음으로 빌려줄게.]

빚을 다 갚았다는 것을 확인할 수 있는 문자와 그놈이 보낸 문자였다.

글자로도 불쾌함이 전해져 호찬이 미간을 찌푸렸다. 그리고 문자를 보냈다.

[알게 돼서 더러웠고 다신 만나지 말자.]

핸드폰을 손에서 놓은 호찬에게 멀찍이 서 있던 지온이 다가왔다.

"오빠, 고생했어. 난 아무런 도움이 못 됐네."

눈물이 그렁그렁한 눈으로 지온이 울먹거렸다.

호찬은 그런 동생을 안아주며 위로했다.

"무슨 소리야. 네가 제일 큰 도움을 주었어. 너 없었으면 모든 걸 포기했을 거야."

전귀가 자신을 도운 이유도.

모든 것을 내던지고 인생을 포기하고자 생각이 들 때 버틸 수 있었던 것도.

모두 하나밖에 없는 가족, 지온이 이유였다.

분석을 통해 경기의 적중률을 높일 수 있습니다.

하지만 적중률이 곧 수익률과 일치하는 것은 아닙니다.

왜냐? 국내에서 합법적으로 이루어지고 있는
스포츠 베팅(프로토)은 최소 2경기(최대 10경기) 이상을
조합해야 하며, 한 경기라도 틀리면 미적중 처리가
되기 때문입니다.

조금 과장하여 10경기 중 9경기를 맞아
경기 적중률 90%를 기록하였더라도
10경기 전부를 한 번에 조합하였다면 한 경기가 틀렸기에
미적중 처리되어 조합 적중률은 0%
수익률은 오히려 마이너스(-)가 되는 것입니다.

그렇다면 가장 좋은 조합 방법은 무엇일까요?

조합 방법(베팅방법)은 무궁무진하게 많습니다.
역배당 조합, 3폴더 조합, 2C3조합 등

하지만 입문자들에게 있어 정답은 단 하나
최소폴더베팅조합 입니다.

※ '한 경기 구매'가 시행되어 최소 한 경기로도
구매가 가능해졌지만 한 경기만 선택하게 되면
배당이 너무 낮으므로 추천 드리지는 않습니다.

단순합니다.

선택 경기 수를 최소로 줄이는 것입니다.

경기 수를 늘릴수록
적중 확률은 떨어질 수 밖에 없습니다.

최소 2경기를 선택해야 하기에
2경기 씩 분산하여 조합하는 것입니다.

이 경우 조합이 좋지 못하더라도
경기 적중률만 높다면 최소 수익률이 보장됩니다.

앞서 10경기 중 9경기를 맞았더라도
올인을 하게 된다면 조합 적중률은 0%로 수익이 없지만
최소폴더베팅조합으로 2경기씩 5조합을 베팅하였다면
4조합 적중에 성공하여 조합 적중률 80%와 함께
수익을 기록할 수 있습니다.

❗이론적으로 적중 확률이 가장 높은 조합 방법은
무승부가 없는 **야구 종목**에서 **우천 취소(적중특례)**까지
활용한 경기 베팅 방법이 가장 좋습니다.
(**Chapter64** 우천 취소 활용)

Check Point!

입문자는 우선 꾸준한 적중을 통해
재미와 흥미를 느끼고
이해도를 높이는 것이 우선적입니다.

그 후에 경기 수, 배당을
조금씩 늘려나가도 절대 늦지 않습니다.

로또픽

빚을 다 갚은 호찬에게 여유가 찾아왔다.

이후부터는 베팅을 할 때 한결 편한 마음으로 베팅할 수 있었다.

잃으면 안 된다. 잃으면 빚을 상환하는 게 더뎌진다는 압박감에 벗어났다.

돈도, 마음도 모두 여유로웠다.

"로또픽이라……."

인터넷에 올라온 사람들의 적중 내역을 확인하던 호찬이 중얼거렸다.

로또픽.

고배당 경기를 여러 개 선택하여 예상 적중금을 높이는 것으로 소액으로 일확천금을 노리는 베팅법이었다.

"크크."

호찬은 베트맨 사이트에 접속하다 전귀가 떠올라 희미한 웃음을 지었다.

전귀라면 이런 베팅은 추천하지 않을 것이었다.

배당이 높지 않더라도 확실하게 적중하는 것을 위주로 베팅하는 전귀였기에 지금 자신의 모습을 보면 멍청한 놈이라고 타박을 줬을 것이다.

'그래도 적중률은 높여야 하겠지.'

호찬은 전귀가 알려준 노하우를 떠올리며 분석을 시작했다.

'이 경기는 핸디캡 무승부가 가능성 있는데, 이 경기는 주전이 다 빠져서 역배 가능성이 커 보이고. 배당 2 이하는 제외하자. 터질 확률에 비해 기댓값이 낮아.

이건 로또픽이니까.'

호찬은 분석을 통해 그나마 가능성이 커 보이는 8경기를 정해 조합했다.

5882배.

입이 떡 벌어지는 배당이었다.

500원만 넣어도 294만원. 5000원을 넣으면 2940만원이었다.

5만원을 넣으면 2억9천만원으로 3억에 가까웠다.

'이런 로또픽이 진작 됐으면 빚도 이미 다 갚았을 텐데.'

호찬은 속으로 생각하며 5천원을 베팅했다.

평소라면 하지 않았을 도박과도 같은 베팅.

빚에서 해방되어 생긴 여유가 아니었다면 엄두도 못 냈을 베팅.

불가능해 보였지만, 로또보단 가능성이 컸다.

호찬은 베팅금액에 5천원을 넣으며 두 손으로 빌었다.

"될까?"

로또픽은 말 그대로
'로또' 와 '픽' 의 합성어로
소액으로 일확천금을 노리는 베팅 방법 입니다.

확률은 매우 낮지만 **조합 적중 시**
매우 큰 당첨금을 얻을 수 있어
소액으로도 기대감을 가지고 즐길 수 있는
베팅 방법입니다.

단순하게 **고배당 경기를 여러 개** 선택하여
예상 **적중금을 크게** 높이면
그게 바로 '**로또픽**'이 됩니다.

하지만 로또픽에도 종류가 있습니다.

말도 안되는 로또픽 | **그나마 실현 가능한** 로또픽

▶당연히, 실현 가능한 로또픽으로 접근해야겠죠?

✓**로또픽**은 우선 선택할 수 있는 경기가 많고
배당 변동이 일어나기 전인 **금요일 저녁**에
베팅하는 것이 가장 좋습니다.

✓**선택 경기 수는 적을수록** 좋습니다.
경기 수가 많아질수록 확률이 낮아지기 때문입니다.
하지만
경기 수가 너무 적으면 배당률이 높지 않기 때문에
7~8개를 선택하는 것이 적절합니다.

✓로또픽이라고 마음 가는 대로 막 선택하는 것이 아니라
분석을 해야 합니다.

✓분석을 통해 핸디캡 승리, 핸디캡 무승부,
무승부, 역배 등을 **적절히 조합**합니다.
2 이하의 **저배당 경기는 제외**하는 것이 좋습니다.
로또 베팅을 하는 것이지 일반 베팅을 하는 것이 아닙니다.

✓**저배당 경기**를 선택하게되면 배당이 낮아지게 되고
이로인해 선택 경기수를 추가할 수밖에 없습니다.
이렇게 되면 일반도 로또도 아닌 이도저도 아닌 것이 됩니다.

Check Point!

로또픽은 말 그대로 확률이 로또라서
로또픽입니다.
(물론 실제 로또보다는 확률이 훨씬 높지만..)

소액으로 재미를 즐기는 것이지
로또픽이 메인이 되어서는 안됩니다.

몰리면 부러진다고?

경기를 지켜보던 호찬은 문득 양 팀을 응원하는 댓글을 확인하게 되었다.

활발하게 올라가는 댓글 속에 몇몇이 토토에 관해 대화를 나누고 있는 것이 보였다.

직접 언급하진 않았지만, 대화의 주제가 토토인 것은 알 수 있었다.

[아스날 골이다. 팬티 벗고 쏘리 질러!]

[형님들. 저 오늘 망했어요. 아래 계좌로 500원이라도 보내주세요. ××××××-××-×××××× ○○은행입니다. 형님들, 부탁드립니다.]

[응. 오늘은 역배데이구요. 토알못들 강팀충임?]

[♠♠베스트 오브 더 토☆토♣♣가입시$$전원 포인트☜☜뒷면1000P 증정※…….]

[몰리는 경기는 부러진다. 만고불변의 법칙이다.]

[깝치지마. 토트넘은 무적이고 무리뉴는 신이다.]

불법 토토 광고 문자까지 올라오던 중 호찬의 눈에 들어온 채팅이 있었다.

"몰리는 경기는 부러진다고?"

다음날.

호찬은 혜진이 일하는 편의점에서 전귀와 만났다.

"궁금한 것이 있다고. 무엇이냐?"

마주 앉아 있어도 전귀의 시선은 오직 혜진만을 향하고 있었다.

혜진이 용서를 한 후 전귀는 이렇게 혜진의 근무시간 동안 편의점에 앉아 있는 것이 일상이 되었기에 호찬은 개의치 않고 입을 열었다.

"인터넷에서 몰리는 경기는 부러진다는 것을 보았습니다. 사실입니까?"

"개소리다."

전귀는 호찬의 말이 끝나기 무섭게 일축했다.

"몰리는 경기는 그저 베팅금액이 몰린 것이다. 그만큼 많은 사람이 그 경기를 구매했고 틀렸기 때문에, 기억에 각인되어 그렇게 느끼는 것이지."

"그럼 특정 배당에서 잘 부러진다는 말도……."

"개소리지. 배당이 괜찮기에 사람이 몰렸고, 그 사람들이 틀린 것일 뿐이다."

"몰리는 경기는 부러진다" 라는 말은
많은 사람들이 얘기합니다.

하지만 사실 그런 건 존재하지 않습니다.

몰리는 경기는
그저 베팅금액이 몰렸을 뿐입니다.

그만큼 많은 사람이
해당 경기에 돈을 걸었다는 것일뿐
그것이 곧 승률을 의미하는 것은 아닙니다.

그런데도 몰리는 경기는 부러진다는
말이 도는 이유는

그만큼 **많은 사람들**이
그 경기를 구매했고 틀렸기 때문에
기억에 더 남아서 그렇게 느끼는 것 일뿐입니다.

배당을 통계내서 보았을 때
결국은 **배당대로** 승률이 결정됩니다.

특정배당, 구간에서 잘 부러진다?

❌ 그런 것 역시 존재하지 않습니다.

일관성 있게 베팅하는 것이 가장 중요합니다.

Check Point!

물론 정말로 검은 돈이 개입되어서
승부 조작이 있을 수도 있습니다.

하지만 그런 것까지 변수로 둔다면
분석이란 것 자체가 성립하지 않습니다.

분석의 의미가 사라지게 되는 것입니다.

73 팀 단위 분석

딸 바보 전귀

호찬은 전귀의 부름에 혜진이 일하는 편의점으로 향했다.

혜진이 전귀를 용서하고 난 후, 전귀는 지금까지 혜진과 떨어진 시간에 대한 보상을 받으려는지 혜진의 근처에서 떠나지 않으려 했다.

토토방 점장은 전귀가 커피를 마시러 오지도 않는다며 툴툴거렸지만, 진심으로 좋아하는 전귀의 모습에 자기 일처럼 기뻐했다.

"아빠, 아빠가 그렇게 인상 쓰고 있으면 올 손님도 다 도망가요."

"저, 저 기생오라비같이 생긴 놈이 감히 내 딸을 탐내는데 내가 어떻게 가만히 있겠느냐."

전귀의 갖은 노력 때문일까. 한층 가까워진 부녀가 투덕거리고 있었다.

혜진이 고운 미간을 찡그리며 한숨을 내쉬었다.

"그냥 담배 사러 온 손님이잖아요."

"아니다. 내가 여기서 쭉 관찰했는데 여기 손님으로 오는 남자들 대부분 너랑 말이라도 섞어보려고 하더라. 돈, 카드를 주고받으면서 손이라도 닿으면 좋아하더라. 넌 너의 미모를 자각해야 한다. 내 딸이라지만 넌 너무 예쁘단 말이다."

불똥은 호찬에게 튀었다.

"여기 이놈도 마찬가지야. 어떻게든 너랑 엮이려고 여기에 와서 기웃거리지 않냐."

전귀가 입구에 멀뚱멀뚱 서 있던 호찬을 가리켰다.

“어, 오빠. 어서 와요.”

혜진이 환하게 웃으며 호찬을 반겼다.

“안녕. 오늘도 고생이 많네. 그리고 부르셔서 왔는데 억울합니다.”

“못된 놈. 배은망덕한 놈. 네 놈 눈빛만 봐도 알 수 있다. 기껏 가르쳐 줬더니 내 딸을 탐내다니. 내가 호랑이 새끼를 키웠어.”

호찬은 전귀의 탄식에 아무런 반응을 할 수 없었다.

혜진을 이성으로 보는 마음이 있었다.

크리스마스에 그녀와 보냈던 추억이 새록새록 피어오른다.

“김호찬. 네 놈이 진정 내 딸에 대해 마음이 없다고 말할 수 있나?”

전귀가 물어온다.

없다고 대답하지 않으면 호찬의 몸을 반으로 접어버릴 기세다.

호찬은 식은땀이 나오는 것을 느끼며 혜진을 바라봤다.

잡티 하나 없이 뽀얀 얼굴을 발갛게 물들이며 기대에 찬 눈으로 자신을 바라보고 있는 그녀가 눈에 들어왔다.

잡아먹을 듯이 자신을 바라보고 있는 맹수의 부라리는 눈을 느끼며 호찬이 입을 열었다.

“있습니다. 혜진이를 좋아하는 마음이.”

“뭐?”

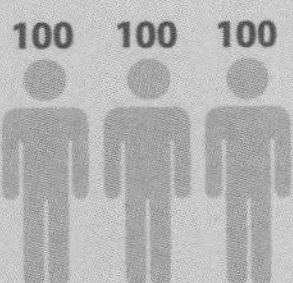

아이큐가 100인, 세 사람을 모은다고 하여
아이큐가 300이 되는 것은 아닙니다.

그것처럼 **분석** 역시
여러명이 함께 분석한다하여
적중률이 높아지는 것은 아닙니다.

하지만 달라지는 것이 있으니,
미적중확률 만큼은 확실히 낮아진다는 점입니다.

언뜻 들으면 앞 뒤가 안 맞는 말인 것 같지만
분석은 결국 많은 데이터를 바탕으로
변수를 줄이는 것이 가장 중요합니다.

여러 사람이 모이게 되면
놓치게 되는 부분이 줄어들게 될 것이고
이런저런 변수를 다 종합하여
결과를 도출해 낼 것입니다.

✓그렇기에 미적중 확률은
그만큼 **낮아지게 되는 것**입니다.

Check Point!

현명한 베팅을 하려면
맞을 확률을 높이는 것보다
틀리지 않을 확률을 높이는 것이
중요합니다.

74 농구와 배구

농구와 배구는 왜?

“전귀님.”

호찬이 불렀음에도 전귀는 반응조차 하지 않았다.

그동안 지켜보며 찔러도 피 한 방울 나오지 않을 것이라 여겼던 철혈의 남자가 딸의 일에는 정말 속이 좁다는 것을 알게 되었다.

‘농담이라고 했는데도 이 정도 반응이라니. 입맞춤했다고 하면 안 되겠네. 이렇게 딸을 좋아하시는 분이 돈에 미쳐 혜진이를 잊고 사셨다니. 아니, 그때의 일로 더욱 각별해진 것인가.’

새삼 돈의 마수가 두려워졌다.

“전귀님?”

“…….”

다시 한번 불렀지만 전귀가 여전히 반응하지 않자 독이 오른 호찬이 입 밖으로 장난기 어린 목소리를 내었다.

“아버님. 따님을 제게…….”

“누가 네 아버님이냐. 네 놈이 진정 죽고 싶구나.”

전귀가 호찬의 말을 끊으며 두 눈을 부라렸다.

효과는 확실했다.

당장이라도 호찬을 반으로 접어 집어던질 기세의 전귀였지만, 호찬은 나름 믿는 구석이 있었다.

"아빠."

"그래, 궁금한 게 있으면 물어보거라. 호랑이 새끼야."

혜진의 나지막한 말에 전귀가 호찬에게 으르렁거리며 말했다.

"축구, 야구는 이제 어떻게 분석해야 하는지 어느 정도 알겠어요. 그런데 왜 농구랑 배구는 안 가르쳐 주시나요?"

"국내 스포츠 토토 대상 경기가 너무 적다. 배구는 국내 남자, 여자 리그밖에 없고 농구는 KBL, WKBL에 고작 NBA밖에 없어. 야구나 유럽5대리그, MLS, K리그, J리그, CSL이 있는 축구에 비하면 경기 수가 턱없이 부족하다."

전귀가 으르렁 거렸던 것을 뒤로하고 상세히 설명했다.

딸의 일에 속이 좁아도 토토에 관해서는 언제나 진지했다.

"그렇군요. 야구도 KBO, NPB, MLB 3개 밖에 없지만, 팀의 숫자나 경기 수가 훨씬 많네요."

호찬의 말에 전귀가 고개를 끄덕였다.

"농구와 배구는 시즌이 10월부터 4~6월로 경기가 겹치고 시즌이 끝나면 베팅할 경기가 없지. 그에 반해 축구와 야구는 휴식이 겹치지 않고 두 종목만으로 1년 내내 베팅이 가능하다. 경기 수도 많으니 굳이 다른 곳에 집중할 필요가 없지."

"그렇군요."

"빚이라는 상황에 묶인 너에게는 경기의 수, 찾을 수 있는 정보의 양과 질, 분석 난이도를 따졌을 때 축구, 야구에 집중할 필요가 있었다."

스포츠 애널리스트 분석 교육을
진행하다보면 교육생들이
자주 물어보는 질문이 있습니다.

" 축구, 야구는 이제 대충 어떻게 분석하는지 알겠어요.
농구랑 배구는 어떻게 분석하나요? "

그에 대한 답변은...

" 분석 방법이야 많지만
입문자들에게는 농구와 배구 분석을 권하지 않습니다. "

다양한 이유가 있겠지만, 한 문장으로 설명하자면
'투자시간대비 효용이 없다' 입니다.

국내 스포츠토토 대상 경기 중
배구는 국내(W)V리그 밖에 없으며
농구 역시 (W)KBL, NBA 밖에 없습니다.

그에 반해 **축구**는
유럽5대리그, MLS, K리그, J리그, CSL 등이 있으며
야구 역시 KBO, NPB, MLB 3개의 리그가 있습니다.

경기수만 보더라도 **농구**는 KBL 기준
10개 팀이 연간 54경기밖에 치르지 않지만
야구는 MLB 정규시즌만 하더라도
30개 팀이 연간 162경기를 치르게 됩니다.

축구, 야구, 농구, 배구
전 종목을 건드려서는 절대 잘 할 수가 없습니다.
절대적인 시간이 부족합니다.

입문자일수록 **선택과 집중**을 필요로 합니다.
아니, 중수 고수 역시 마찬가지입니다.

꼭 축구와 야구가 아닌
농구와 배구에 집중을 하여도 되지만
농구와 배구는 시즌이 10월부터 4~6월로 겹치며
경기(리그)수도 적어 선택지가 부족합니다.
시즌이 종료되면 **휴식기 때**는
해당 종목의 경기가 없어 베팅이 불가능합니다.

반면, **축구와 야구**는 휴식기가 겹치지 않아
단 두 종목만으로 1년 내내 베팅이 가능하며
경기수가 많아 선택지도 매우 많습니다.

! 경기 수, 정보의 양과 질, 분석 난이도 등
종합적으로 보아 **종목우선순위**는
축구 > 야구 > 농구 > 배구 입니다.

Check Point!

종목 선정에 있어서는 멀티플레이어보다
특정 한 종목의 전문가(스페셜리스트)가 되면
더 높은 적중률, 수익률을
기록할 수 있습니다.

75 프로토 기록식

썩은 저수지

호찬은 혜진이 일하는 편의점으로 향했다.

이유는 몰랐다.

그냥 발걸음이 자연스레 그곳으로 향했다.

오직 마음을 편안하게 해주던 혜진의 밝은 미소만이 떠올라 그를 움직이게 했다.

편의점 앞에 거의 다달을 무렵 호찬이 발걸음을 멈추었다.

그토록 바랬던 그녀의 환한 미소.

그녀가 밝게 웃고 있었다.

다만 간절히 원한 혜진의 미소는 호찬을 향하고 있지 않았다.

“오빠, 재미없어요.”

“어, 왜 때려. 아니, 재밌으라고 하는 소리가 아니라 진짜라니까.”

이미 일을 마친 혜진이 젊은 남자와 걷고 있었다.

혜진이 손으로 팔을 살짝 때리자 남자가 아픈 척을 하며 그녀를 웃음 짓게 했다.

달랐다.

혜진은 누구에게나 밝은 미소를 보이며 친절히 대했지만 지금 혜진의 옆에 서 있는 남자는 무언가 달라 보였다.

거리감 없이 남자를 대하는 혜진의 태도에 호찬은 그녀를 부를 수 없었다.

“가서 술 마실 거지?”

"네, 빨리 가요."

둘은 그렇게 호찬의 눈앞에서 멀어졌다.

호찬은 멀어져가는 둘의 뒷모습을 지켜본 뒤 고개를 떨궜다.

그녀 정도의 외모에 남자친구가 없는 것이 이상했다.

적어도 썸남이라도 있을 것이다.

그것이 자신이 아니라는 생각에 가슴이 미어진다.

지금 그녀의 옆에 있는 것이 왜 내가 아닐까.

그녀가 짓는 아름다운 미소가 왜 내가 아닌 다른 사람에게 향하고 있을까.

울적했던 마음을 달래기 위해 찾아왔지만 속은 오랜 가뭄에 시달린 저수지처럼 썩어가는 것만 같다.

온갖 나쁜 상상이 수면 위로 떠오른다.

다른 남자의 손을 맞잡는 그녀의 하얀 손.

다른 남자의 귀에 사랑을 속삭이는 그녀의 목소리.

다른 남자의 키스에 달뜬 숨결을 토해내는 그녀의 입.

비록 상상일 뿐이지만 고약한 냄새가 진동해 절로 욕지기가 치밀어 올랐다.

프로토의 종류에는 승·무·패를 맞추는
우리가 현재 알아가고 있는 승부식 뿐만 아니라
최종 점수를 맞추는 **기록식**도 존재합니다.

차이점이라면

기록식은 맞추기 어려운 만큼
배당이 더 높다는 점입니다.

또 어떤 의미에서는
기록식은 도박성이 강하다고 볼 수 있습니다.

그렇다면 **기록식**은
어떤 방법으로 접근하는 것이 좋을까요?

최종점수 맞추기는 사실상 운이며
분석이 불가능합니다.

그나마 분석이 가능한 경기는 0-0 경기
혹은 한 점차 경기 정도 밖에 없다고
볼 수 있습니다.

0-0 경기는
날씨(비, 바람)상황에 따라 **종종 나오는 편**이며

토너먼트나 경기의 중요도, 상황에 따라
한점 차 경기까지는 **분석·예측이 가능**합니다.

승부식을 두고 기록식을 할 이유는
단 하나도 없습니다.

기록식은 **재미로만** 즐겨주시기 바랍니다.

chapter 76 축구토토 승무패 1

정말 몰라?

불쾌하다.

욕지거리가 치밀어오른다.

"시발."

입 밖으로 내뱉어 봤지만, 기분은 여전히 더럽다.

벌레가 바닥을 기어서 발목을 타고 올라온다.

불쾌감은 온몸으로 퍼진다.

그러나 그 불쾌감으로 인해 깨달았다.

그녀가 다른 남자와 있는 것만으로도 신경이 거슬리는 이 상황이 의미하는 바를.

언제부터였을까?

그녀를 향한 마음이 이렇게 커지게 된 것이.

처음에는 그저 밝고 환하게 웃는 사람이라고 생각했다.

밝은 미소는 상처로 얼룩진 마음을 달래주었고 그녀의 사근사근한 말투는 감미로워 힐링이 되었다.

자신과는 다른 이유지만 아버지의 일로 상처를 받은 그녀를 위로해주었고, 그녀가 전귀와 관계를 회복하게 도왔다.

크리스마스 때 그녀와의 추억이 아직도 생생했다.

많은 일이 있었다.

한 방울씩 그의 마음에 떨어진 혜진이라는 물방울은 작은 웅덩이가 되었고, 연못이 되었다. 연못은 결국 끝없이 펼쳐진 바다가 되었다.

"후우……."

씁쓸한 마음을 감출 수 없는 호찬이 깊은 한숨을 내뱉었다.

복잡한 감정을 뒤로한 채 집에 와 있던 호찬이 얼굴을 찌푸렸다.

"다녀왔습니다아아."

말꼬리를 늘리는 지온의 입에서 술내가 풍겼다.

"뭔 술을 이렇게 많이 마셨냐."

"오빠, 딱 한 잔만 마셨어."

"풍기는 술 냄새가 한잔이 아니라 한 병은 되겠는데. 연락도 안 되고 어디 있다가 온 거야."

"혜진 언니가 편의점 그만둬서 언니랑 같이 일했던 알바생끼리 회식하고 왔어. 난 예전에 그만뒀지만, 언니가 불러서 갔다 왔고."

지온이 실없이 웃었다.

"혜진이 일하고 있던데?"

"일 마치고 왔지. 같이 일하던 오빠가 직접 데리고 오더라. 그 오빠도 참 웃겨. 혜진 언니가 자꾸 웃어주니까 자기한테 마음 있는 줄 알고 계속 치근덕거리고. 언니가 좋아하는 사람은 따로 있는데."

굳은 얼굴로 지온의 말을 듣던 호찬은 자신이 터무니없는 오해를 했다는 것을 알고 헛웃음을 터뜨렸다.

"왜 웃어?"

"아니야. 그냥, 웃음이 나와서. 근데 혜진씨가 좋아하는 사람이라니? 누군데?"

"……. 정말 몰라?"

"응?"

스포츠 토토에는 다양한 종류의 게임이 있습니다.
가장 판매량이 많고 인기가 있는 **프로토 승부식**

Q 그렇다면, 다음으로 가장 인기있는 게임은 무엇일까요?

A 바로, **축구토토승무패** 입니다.

축구토토승무패는
회차별(주1~2회)로 정해진
14경기의 승무패를 맞추는 게임이며,

14경기 다 맞추면 **1등** **13경기** 적중 시 **2등**
12경기 적중 시 **3등** **11경기** 적중 시 **4등** 까지

적중금을 나눠갖게 되는 게임입니다.

회차별로 **1등 당첨금**이 억 단위를 넘어가며
1등이 나오지 않고 이월이 되면
1등 당첨금은 수십억원에 육박합니다.

하지만 승무패는 로또와 마찬가지로
총 상금을 나눠갖는 형식입니다.

즉,
1등이 무수히 많이 나오게 된다면 이론적으로는
1등 당첨금이 만원도 안될 수가 있습니다.

14경기를 다 맞춘다 하여도
남들과 다 똑같이 찍었다면
1등 당첨금은 몇 십만원 밖에 되질 않습니다.

그렇기때문에 축구토토승무패는 맞을 경기를 찾는 것이 아니라, 남들이 틀릴만한 경기를 찾는 것이 더 중요합니다. **틀릴 만한 경기를 찾아** 정배가 아닌 무승부 혹은 역배를 찍어야 높은 당첨금을 획득할 수 있습니다.

Check Point!

축구토토승무패는 변수가 너무나도 많아
이변이 나올만한 경기를 선택하는 것이
고액당첨의 비결입니다.

프로토승부식과 정반대로 접근하시면 됩니다.

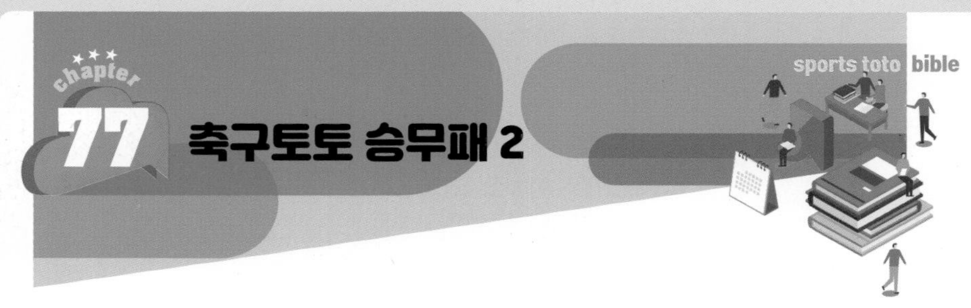

축구토토 승무패 2

사원 김진아

“새해도 밝았고, 작년에 내가 너무 심하게 대한 게 있다면 사과하지. 올해도 잘 부탁하네. 자, 건배하지.”

떠들썩한 회식 자리, 부장이 잔을 치켜들며 말했다.

잔이 부딪치고 저마다의 입으로 술을 흘려 넣는다.

“부장님, 벌써 2월이 다 왔는데. 이제 와서 새해 타령입니까.”

“시끄럽다. 일이 바쁘니까 회식을 못 한 거 아냐. 간만의 회식이니까 내가 산다.”

장대리의 타박에 부장이 카드를 들어 보이며 외쳤다.

“와! 부장님 최고! 여기 젤 비싼 부위로 추가요!”

“아니, 그건 좀…….”

장대리의 넉살에 부장이 당황해 하자 모두 웃음을 터뜨렸다.

치익.

호찬은 고기를 불판에 얹은 후 빈 잔에 술을 채웠다.

“자, 여기서 기쁜 소식 하나를 공개하겠네. 인턴, 일어서 보게.”

부장의 지시에 진아가 얼떨떨한 얼굴로 주춤주춤 일어섰다.

“우리 인턴의 정규직 전환이 확정되었다. 우리 회사 정규직 전환율 낮은 거 알지? 이 몸이 힘 좀 썼지. 이제 인턴이 아니라 사원 김진아로서 우리 회사에서 일하게 되었다. 자, 박수!”

“축하해!”

분위기는 점점 무르익어 갔다.

좋은 소식과 함께 한 회식 자리는 평소보다 많은 술을 불렀다.

잠시 부장의 술주정도 피하고 술도 깰 겸 바깥으로 나온 호찬이 밖으로 나왔다.

냐옹.

가게 옆 골목에서 고양이 울음소리가 들려 호찬이 그곳으로 향했다.

"도망도 안 가네."

고양이가 호찬의 다리에 얼굴을 비비며 애교를 부렸다.

호찬의 얼굴에 슬그머니 미소가 지어졌다.

"어! 대리님이다! 대리님. 뭐하세요오."

바닥에 몸을 뒹구는 고양이를 보고 있던 호찬에게 진아가 다가왔다.

축하를 명목으로 권한 술을 넙죽넙죽 마신 그녀의 비틀거리는 발걸음이 불안해 보였다.

툭.

"어?"

툭 튀어나온 돌부리에 발이 걸려 넘어질 뻔한 것을 호찬이 재빨리 그녀의 몸을 끌어안아 넘어지는 것을 막았다.

코를 훅 찌르고 들어오는 진한 술 냄새.

자신의 품에 쏙 들어오는 작은 체구.

잠시 상황을 파악하다가 이내 놀란 눈으로 호찬을 바라보는 눈.

술에 취해 발갛게 익은 볼이 더욱 붉어졌다.

앞서 축구토토승무패의
전체적인 베팅 방향을 설명하였다면
이번에는 **진짜 꿀팁**을 알려드리겠습니다.

한때 **승무패분석**에 빠져
역대 모든 회차 경기를
전부 통계냈던 적이 있습니다.

그 결과, **1억 이상의 당첨금**을 원한다면...

정답은 **7-7 법칙** 입니다.

설명하자면, 14개의 경기 중
7개의 **정배당**과 7개의 **무승부** 혹은 **역배**를
선택하시면 됩니다.

통계를 내보았을 때
정배 경기가 8경기 이상 나오게 되면
1등 당첨자가 많이 나와 **당첨금이 적어지며**
무승부 혹은 역배가 8개 이상 나오게 되면
90% 이상 이월이 되었습니다.

이월이 되지 않으면서 당첨금이 1억이 넘는
가장 좋은 방법은 **7-7 법칙**을 지키는 것입니다.

Check Point!

물론 단 4경기만 역배가 나와도
강팀들 위주로 틀린다면
이월이 되기도 합니다.

7-7 법칙은 전체통계이자
평균값일 뿐입니다.

패기의 SK! 팬과함께 우승영
삼성캐피탈 아이존패스 삼성캐피탈 아이존패스 삼성캐피탈 아이존패스 삼성캐피탈 아이존패스 삼성캐피탈 아이존패스

원칙과 관리 성장과 발전

★

자금 관리, 멘탈 관리 등
전체적인 방향성과 큰 그림을 그리면서
나만의 원칙을 만들어 정리하고
앞으로 나아가는 방법에 대해 설명하는 단계입니다.

chapter 78

나만의 원칙 만들기

좋아해요 대리님

진아는 화들짝 놀라며 호찬의 품에서 벗어났다.

손으로 부채질을 하며 뜨거워진 얼굴을 식혔다.

잠시 호찬의 얼굴을 물끄러미 바라보던 진아가 입을 열었다.

"대리님, 고마워요."

"뭘, 안 넘어져서 다행이다. 그러게 술을 적당히 마셨어야지."

호찬의 타박에도 진아는 배시시 웃었다.

"아니요, 잡아준 거 말고요. 회사에서 혼날 때마다 저 위로해준 거요. 대리님 아니었으면 저 진작에 그만뒀을지도 몰라요."

"요즘 취업하기 얼마나 힘든데 그만두기는. 정직원 된 것도 진아씨가 잘 해서 된 거지. 아무튼, 축하해. 진아씨."

"대리님, 좋아해요."

"응?"

훅 치고 들어오는 그녀의 고백에 호찬이 벙찐 얼굴이 되었다.

진아는 이제는 완연히 붉어진 얼굴로 말을 이었다.

"오래전부터 대리님을 좋아했어요. 비상계단에서 대리님이 처음 저를 위로해주었던 그 순간부터 쭉 좋아했어요."

"……."

"매일 대리님 책상에 사탕을 놓으면서 고민했어요. 어떻게 이 감정을 전달해야 하나. 혹시 대리님이 싫어하시지 않을까 걱정했어요. 자리에서 대리님을 몰래 훔쳐볼 때마다 제 감정이 점점 커졌어요."

호찬은 매일 자신의 자리에 놓인 사탕의 출처를 알고 있었다.

단순히 감사의 의미로만 받아들이고 있었다.

왜 진작에 눈치를 못 챘을까.

"야구장에서 그렇게 헤어진 걸 후회했어요. 볼에 뽀뽀하려다 입맞춤을 하게 된 후 당황해서 도망가지 말고 고백할 걸 하고 얼마나 후회했는지 모르실 거예요."

"진아씨……."

호찬이 나지막이 그녀의 이름을 불렀다.

"저 지금 엄청 용기 내는 거예요. 술이 아니었으면 오늘도 그냥 지나치겠죠. 대리님. 저 진짜 대리님을 많이 좋아해요."

호찬은 진아를 바라보았다.

이제는 더는 붉어지기 힘들 정도로 붉어진 얼굴이 부끄러움을 무릅쓰고 자신을 보고 있는 것이 보였다.

꽉 쥐어 하얗게 변한 두 손이 그녀가 얼마나 긴장하고 있는지 말해주었다.

"갑작스럽다면 바로 대답해주지 않으셔도 돼요. 기다릴 수 있어요."

"진아씨, 난……."

호찬이 입을 달싹이며 그녀의 고백에 대답하려고 했지만, 뜻밖의 불청객에 입을 닫을 수밖에 없었다.

"김대리, 여기 있었어? 2차로 장소 옮긴대. 어? 인턴도 같이 있었네. 아, 이제 인턴이 아니지. 미안해요. 진아씨."

장대리가 실없이 웃으며 사과했다.

호찬은 그렇게 그녀의 고백에 답하지 못했다.

지금까지 스포츠 베팅의 개념과 이론
다양한 변수와 분석 방법에 대해서 배웠습니다.

그렇다면 이를 **실제 베팅**에
어떤 식으로 활용하고 적용시켜야 하는 걸까요?

베팅을 위한 경기를 선택할 때에는
그 기준점을 잡아야 합니다.

바로, 나만의 원칙을 통해서 말이죠.

아무 생각없이 계속해서 분석하고 베팅한다고 하여
적중률이 개선되지는 않습니다.
무엇이 잘 되었는지 잘못되었는지를 모른다면
계속해서 제자리걸음을 할 뿐입니다.

나만의 원칙을 만들어야
발전해 나갈 수 있습니다.

원칙 예시 1 기술적인 부분

1. 모르는 경기는 패스한다.
2. 4경기 이상 조합하지 않는다.
3. 원정 경기는 가급적 배제한다.
4. 비오는 날 경기는 제외한다.
5. 연패 중인 팀은 선택하지 않는다. …

원칙 예시 2 심리적인 부분

1. 충동적이 아니라 분석을 기준으로 좋은 경기를 찾아낸다.
2. 나의 원칙을 충족시키지 못하는 경기는 절대 선택하지 않는다.
3. 실수를 받아들이고 고쳐나간다.
4. 수익을 봤다고 교만해지지 않는다. …

나만의 원칙 · 체크리스트를 만들고
경험을 통해 계속 보완·수정·추가해 나가면서
원칙을 끝없이 만들고 지켜 나가야 합니다.

이렇게 한다면 **경험**이 쌓이면 쌓일수록
적중률은 계속해서 올라갈 것입니다.

Check Point!

원칙을 충실히 따랐음에도
적중률이 떨어진다면, 전체적으로
재검토하고 수정해야 합니다.

이 경우, 기술적인 부분보다는
심리적인 부분에 문제가 있을 가능성이 높습니다.

일반적으로 **기술적인 부분**은 경험을 통해
변수를 줄여나갔던 작업이기에 이로인해
적중률이 떨어질 확률은 **낮습니다.**

chapter

79 토계부 작성하기

마음이 시작된 그곳에서

퇴근 시간이 되어 사람들이 하나둘 빠져나갔다.

어느새 회사 안에는 잔업이 남아있는 사람 몇몇과 호찬, 진아 만이 남았다.

사무실 안은 적막했다.

탁탁거리는 타자 소리와 서류를 확인하는 종이 스치는 소리만이 울려 퍼졌다.

호찬은 진아와 시선이 마주쳤다.

'아침부터 한마디도 못 나눴네.'

호찬은 온종일 진아에게 말을 붙이려 했지만, 진아가 그를 피했었다.

일을 마친 진아가 자리에서 일어나 사무실 밖으로 향했다.

호찬은 슬그머니 자리에서 일어나 그녀의 뒤를 따랐다.

그녀의 마음을 거절하기 위해.

자신의 마음이 누구에게 향하고 있는 것인지 깨달은 이상, 그녀의 고백에 대답을 미루는 것은 너무 가혹한 처사였다.

진아가 향한 곳은 옥상으로 통하는 비상계단이었다.

"여기는……."

"네, 맞아요. 부장님께 된통 깨지고 여기에서 울고 있던 저를 대리님이 위로해줬어요. 제 마음은 여기서부터 시작된 거예요. 대리님을 좋아하게 된 마음이."

"진아씨."

입안이 머리가 띵할 정도로 쓰다.

진아를 부르는 자신의 목소리는 그녀를 이성으로 사랑하는 감정이 없다는 것을 호찬도 느낄 수 있었다.

그저 연민.

그녀의 마음에 상처 줄 수밖에 없는 것에 대한 미안함만이 가득했다.

목소리에 묻어난 감정을 느낀 것일까, 그녀의 작은 체구가 떨린다.

"말씀 안 하셔도 돼요. 그냥 여기서 제 마음이 시작되었으니 여기서 끝내고 싶었어요. 온종일 피해서 죄송해요. 두려웠어요. 대리님의 대답을 들으면 제가 무너질 것 같았어요."

그녀의 두 눈에 눈물이 그렁그렁 차올랐다.

슬픔이 가득 차올라 볼을 타고 흘러내린다.

"왜 저한테 잘해주셨어요. 그냥 남들처럼 무관심하게 넘기시지 왜 저를 챙겨주신 거예요."

진아가 울컥하는 감정을 막지 못하고 고개를 숙였다.

주체할 수 없는 슬픔이 그녀의 안경으로 떨어져 그녀의 눈을 가린다.

호찬은 서글픈 눈물에 가슴이 미어져 그녀의 작은 어깨를 두드려줄 수밖에 없었다.

이미 어느 정도 마음의 준비를 했던 것인지, 그녀가 마음을 진정하는 것은 오랜 시간이 필요하지 않았다.

"대리님, 그때도 그렇고 지금도 그렇고 울 때 저 많이 추하죠?"

코를 훌쩍이며 그녀가 묻는다.

호찬은 고개를 가로저었다.

진아가 슬픈 감정을 털어버리려는 듯 애써 활짝 웃는다.

"대리님, 많이 좋아했어요. 우리 내일은 웃으면서 봐요."

토계부란
토토 버전의 가계부 라고 생각하시면 됩니다.

하지만 토계부는
단순히 수입·지출을 기록하는 것이 아닙니다.
자신의 베팅 습관을 기록하는 것입니다.

토계부에 입력하는 데이터의
양은 많으면 **많을수록** 좋으며
되도록 **상세하게** 적는 것이 좋습니다.

✎날짜, 회차, 조합수, 경기수, 경기명, 적중률, 적중유무,
베팅금, 수익금, 손익, 배당, 종목, 리그, 핸디캡/언더오버 유무,
정배당, 역배당, 무승부 등

물론, 입력해야 하는 양이 많을수록
작성하기 귀찮아서 쓰다가 마는 경향이 있지만
데이터가 쌓일수록 **통계치**가 나오게 되며

그러다 보면 재미를 붙여 **습관**이 되게 됩니다.

토계부를 통해 **통계**를 확인하면
적중률, 손익 뿐만 아니라
좋지 못한 베팅 습관, 약점 등 을
정확하게 파악할 수 있습니다.

토계부 작성은 권장 사항이 아닙니다.
필수 사항입니다.

Check Point!

어플이나 엑셀보다는
수기 토계부를 추천드립니다.

결산할 때 계산기를 이용해야 하는
단점은 있으나, **직접 손으로 작성**하여
머릿속에 정리가 되고 심리적 자극을 받기에
입문용으로 유용합니다.

80 자금 관리

남산타워

새카만 밤하늘에 홀로 우뚝 솟은 백색의 탑은 형형색색의 조명에 물들었다.

아름답게 물든 남산타워는 보는 이로 하여금 감성을 자극했다.

[오빠, 나야. 나 지금 남산타워에 와있어. 우리 잠깐 만날 수 있을까? 기다리고 있을게.]

남산타워에 도착한 호찬은 핸드폰의 문자를 다시 확인했다.

정확한 장소는 없었다.

'사람이 이렇게 많은데 어디서 찾으라고.'

주변을 둘러보던 호찬이 속으로 투덜거렸다.

수현에게 전화를 걸어보았지만, 신호음만 울릴 뿐 받지 않았다.

카페 안에는 없는 것을 확인한 호찬은 연인들이 가득한 야외테라스에 홀로 서 있는 수현의 뒷모습을 발견할 수 있었다.

은은한 갈색빛을 띠는 웨이브 진 머리칼이 바람에 나부끼고 있었다.

바람에 흔들리는 롱코트 아래로 드러난 그녀의 긴 다리는 검은색 스타킹을 신고 각선미를 뽐내고 있었다.

연인이 가득한 이곳에서 움츠리지 않고 당당히 서 있는 그녀는 너무나도 고고했다.

"수현아."

"왔어? 빨리 왔네?"

호찬의 부름에 도시의 화려한 야경을 바라보고 있던 수현이 몸을 돌렸다.

"오랜만이지? 남산타워에 오는 것도."

호찬이 온 것을 확인하고 밝게 눈웃음을 짓는 수현이 추억에 젖은 눈으로 말했다.

"그러게."

"예전엔 오빠랑 같이 왔었는데. 오늘은 따로 왔네."

수현의 말에 씁쓸함이 가득 묻어나왔다.

수현이 주변에 걸려있는 형형색색의 자물쇠를 바라보며 입을 열었다.

"오빠, 예전에 왔을 때 우리 여기 자물쇠 걸었던 거 기억나?"

회한이 가득 담긴 얼굴로 그녀가 말했다.

호찬이 옛일을 떠올리곤 쓴웃음을 지었다.

"그래, 내가 하자고 하고 너는 유치하다고 안 한다고 했었지. 미신이라고. 그런 거로 이별하지 않는다면 세상에 연인이 넘쳐날 거라고 말했었지."

"오빠가 부탁한다고 이것만 달고 가자고 해서 달았었는데. 생각해보면 예전에는 오빠가 항상 부탁하고 나는 들어주기만 했던 것 같아. 그랬었는데 헤어지고 나니까 이제는 내가 오빠한테 부탁만 하네."

수현은 지난 추억을 떠올리는지 씁쓸한 얼굴로 자물쇠를 만지작거렸다.

자금 관리에 있어
우선 **토계부**를 작성하는 것이 **가장 중요**하며
그 부분은 앞서 설명하였습니다.

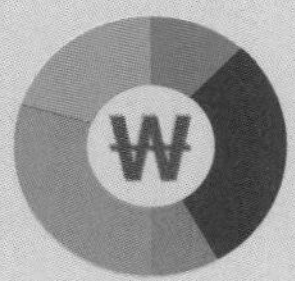

그렇다면
자금의 비율은 어느 정도로 해야하는 것일까요?

그 기준은 개개인마다 다르며,
여윳돈으로 자신이 감당할 수 있는 금액을
일정하게 베팅하는 것이 가장 중요합니다.

여윳돈이 아니게 되면 **베팅에 감정이 포함**되어
원칙이 흔들릴 수 밖에 없습니다.

예를 들어

1회 베팅에 1만원이라는 원칙을 세웠다면

시즌 초	베팅 타이밍
좋은 경기 많이 없음	기존에 세이브 하였던 **5천원 추가**
5천원	**1만5천원**

좋아 보여서 기준없이 원칙을 깨고
10만원, 100만원씩 마음 가는 대로 베팅을 한다면

제대로 된 자금 관리가 될 리가 없고
엉망진창이 되는 것은 시간 문제일 것입니다.

Check Point!

정말 좋아 보인다하여 그 경기가
꼭 적중하는 것도 아닙니다.

공은 항상 둥급니다.

그렇기에 **가중치**를 최대 50%까지만
두는 것이 좋습니다.

- 기존 1만원 베팅 원칙
→ 좋아 보이는 경기는 **최대 1만5천원**

chapter

81 베팅은 장기전

자물쇠

“예전에 여기쯤 걸었던 것 같은데. 안 보이네.”

걸려있던 자물쇠를 하나씩 만지작거리던 수현이 말했다.

이런 것에 무관심한 그녀로서는 모를 만했다.

“오래된 자물쇠들은 수거한다고 하더라. 그냥 두면 걸 자리가 없을 테니까.”

“그래서일까. 우리가 헤어진 이유가. 걸어둔 자물쇠가 풀려서 우리는 헤어지게 된 걸까?”

수현이 고개를 돌려 호찬을 바라보며 물었다.

그녀의 목소리가 가늘게 떨렸다.

“내 탓이지.”

호찬은 씁쓸함을 감추지 못했다.

비록 수현이 헤어지자고 말했지만 모든 원인은 자신한테 있었다.

감당하기엔 너무나 컸던 빚.

영화를 보거나 같이 카페를 가며 데이트할 때도.

자신이 힘들 때 곁에서 위로해준 그녀와의 기념일에도.

빚을 핑계로 그녀를 챙겨줄 수 없었다.

빚에 눌려 무너진 자존감과 챙겨주지 못한 죄책감에 그녀를 당당히 대할 수 없었다.

그녀는 자신의 이런 변화에 지칠 수밖에 없었을 것이다.

자신이 익숙하고 마음 편했던 그녀와의 관계를 불편해하기 시작했을 때부터 둘의 관계는 파국으로 치닫고 있던 것이다.

그렇기에 그녀는 떠났다.

아니, 떠나지 못했다.

함께 했던 지난 기억들을 잊지 못해서.

행복했던 추억들이 족쇄로 남아 떠나려던 그녀를 떠날 수 없게 했다.

"오빠가 그날 날 붙잡았다면. 아니, 내가 오빠에게 헤어지자고 말하지 않았었다면. 지금 이렇게 가슴 아프지도 않았을 거야."

수현이 호찬에게 기대듯 품에 안겼다.

코를 간지럽히는 그녀의 향기가.

자신의 품에 안긴 그녀의 볼륨감 있는 몸매도.

매력적인 중저음의 목소리마저 모두 익숙하다.

"오빠, 내가 잘못했어. 나 진짜 오빠 못 잊을 거 같아."

"수현아……."

"오빠, 우리 다시 시작하자. 오빠도 나 아직 못 잊었잖아. 우리 이렇게 끝나는 거 아니잖아."

금방이라도 눈물이 흐를 듯 수현의 눈시울이 붉어졌다.

"나 너무 두려워. 지금 오빠랑 다시 사귀지 않으면 오빠가 멀리 떠날 것 같아서 무서워. 그러니까 우리 다시 만나자."

수현이 코트 주머니에서 무언가 꺼냈다.

빨간색의 하트 모양 자물쇠였다.

"오빠, 우리 진짜로 안돼? 우리 이거 여기에 걸고 다시 시작하자."

동전 던지기를 하다 보면
앞면만 연속 세 번 나올 수도 있고
연속 다섯 번 나올 수도 있습니다.

그러나 통계적으로 접근하면
앞면 아니면 뒷면, **확률은 50%** 이기 때문에

표본이 많아지면 많아질수록
결국 앞면, 뒷면이 나온 비율은
50:50 에 수렴하게 됩니다.

스포츠 베팅 역시 마찬가지입니다.

최근 역배가 많이 나는 특정 리그, 특정 팀
최근 안 좋은 베팅의 흐름 등
앞면이 연속 세 번 나오는 것 처럼
일정 기간(흐름)에는 **이변이 발생**할 수 있습니다.

그래서 많은 사람들이 흔들리기도 합니다.

하지만 결국 표본이 많아지면 많아질수록
책정된 배당확률 값에 수렴하게 되어 있습니다.

▶즉, 흐름에 따라 왔다 갔다 거리지 말고
확고한 **나만의 원칙**을 바탕으로 베팅을 해 나간다면
일정한 적중률을 기록할 수 있습니다.

흐름이 좋지 않을 때는
나만의 원칙과 토계부를 확인하여
원칙을 어기거나 달라진 점이 없는지
확인하여야 하며
특별한 이상이 없다면
나만의 원칙을 계속해서 지켜나가는 것이
중요합니다.

82 멘탈 관리

마지막으로 안아줘

수현이 애절한 눈빛으로 호찬을 바라보았다.

차오르는 눈물을 참느라 붉어진 눈이 호찬의 가슴을 먹먹하게 했다.

"……."

호찬은 대답하지 못했다.

그저 슬픈 눈으로 수현의 모습을 눈에 담고 있었다.

그의 눈빛에 안 좋은 느낌을 받은 수현이 고개를 떨궜다.

"오빠, 좋아하는 사람 생겼구나."

호찬은 천천히 고개를 끄덕였다.

예전에 수현의 집에서 나눴던 대화가 문득 떠올랐다.

"오빠, 여자 친구도 없잖아. 혹시 좋아하는 사람 생긴 거야? 우리 다시 시작하면 되잖아. 오빠도 이제 내 눈치 안 보고 당당하고 자신감 넘치는데 뭐가 문제야?"

그때는 답변하지 못했다.

다만 뇌리에 스쳐 간 얼굴이 있었다.

그때는 아니었다.

그러나 어느 순간부터 점점 그녀에 대한 마음이 커졌다.

부풀대로 부푼 마음이 수현에 대한 그리움을 밀어내었다.

수현을 보아도 예전만큼의 설렘이 없었다.

그녀의 고혹적인 매력에 어쩔 수 없이 흔들리지만, 그녀와 다시 시작할 수는 없을 것 같았다.

"헤어지지 말걸. 오빠가 이렇게 다른 여자한테 쉽게 마음을 줄지 몰랐어."

"미안해."

"아니야, 내 잘못이야. 내가 결국 헤어지자고 했으니까."

호찬은 수현을 바라보았다.

무너지기 직전의 그녀가 너무 애처로워 보였다.

"오빠, 마지막으로 부탁 하나만 들어주면 안 돼?"

"뭐?"

"나 한 번만 안아줘. 마지막으로 안아줬으면 좋겠어. 미련 없이 오빠 보내줄 수 있게."

호찬은 수현의 마지막 부탁을 거절할 수 없었다.

호찬은 수현을 품으로 이끌어 꽉 안아주었다.

"미안해. 진짜 미안하다. 수현아."

"오빠, 우리 진짜로 안 돼? 오빠랑 이대로 헤어지는 거 너무 힘들어."

그녀가 품 안에서 작게 흐느끼는 것이 느껴졌다.

흐느낌은 점점 커져 오열이 되었다.

호찬은 말없이 그녀가 눈물을 그칠 때까지 그녀를 안아주었다.

얼마나 시간이 흘렀을까.

한때는 애절하게 사랑했던 둘은 그렇게 헤어졌다.

그들이 떠나고 난 자리에는 미처 달지 못한 빨간색 하트 자물쇠만이 덩그러니 남아있었다.

어떻게 보면 베팅 기술이나 노하우보다도
더 중요한 부분이 **멘탈**(심리) 관리 입니다.

베팅은 멘탈(심리) 게임으로도 볼 수 있습니다.

멘탈이 흔들리거나 베팅에 심리가 들어가게 된다면
문제가 생길 수 있습니다.

예를 들자면 **충동베팅** 같은 경우입니다.

그렇기에 **나만의 원칙**을 정하고
그 원칙을 지켜 나가는 것이
멘탈 관리에서 매우 중요합니다.

매번 베팅 할 때마다 원칙이 바뀐다면
틀려도 무엇이 잘못되었는지 **확인할 길 조차 없습니다.**

경기를 계속 지켜보고 스트레스 받고
욕을 한다고 하여
경기 결과가 뒤바뀌지는 않습니다.

✔원칙을 지켜나가며 ✔일희일비하지 말고
✔길게 보는 것 이 가장 현명합니다.

Check Point!

베팅할 때는
자신의 감정을 최대한 배제하고
오직 **나만의 원칙을 지켜 나가는 것**이
중요합니다.

원칙대로 일정하게 베팅한다면
수익이 나지 않더라도 무엇이 잘못되었는지
확인이 되며, **원칙을 보완·수정**해서
고쳐나갈 수 있습니다.

chapter

83 쉬는 것도 하나의 방법

sports toto bible

고백

“혜진아. 지금 만날 수 있어?”

“네, 오빠. 20분만 기다려줘요.”

“근처 공원에 있을게. 천천히 와.”

호찬은 혜진과 통화를 마치고 벤치에 앉아 그녀를 기다렸다.

입이 바짝바짝 마른다.

뜨거운 가뭄에 말라붙은 논처럼 입술이 갈라지는 것만 같다.

혀로 입술을 훑어본다.

초조한 자신의 마음이 부른 착각이다.

“후우…….”

호찬이 깊은 한숨을 내뱉었다.

밤하늘의 공기는 아직 차다.

스산하게 부는 바람이 호찬의 몸을 두드리지만, 극도의 긴장이 추위도 잊게 했다.

“오빠!”

혜진이 멀리서 호찬을 불렀다.

호찬은 자리에서 일어나 손을 흔들며 그녀를 반겨주었다.

손을 흔들고 있는 자신의 행동이 어색하진 않을까.

웃음 짓고 있는 자신의 얼굴이 멍청하게 보이진 않을까.

걱정되었다.

호찬은 가까워지고 있는 그녀를 바라보았다.

샤워하고 나온 것인지 물기를 머금어 촉촉해 보이는 흑발에 대비되어 티 없이 깨끗한 뽀얀 얼굴이 눈에 들어왔다.

몸에 달라붙는 청바지에 순백의 티를 입고 겉에 외투를 걸친 그녀의 청순미에 눈을 뗄 수 없었다.

"오빠, 왜 불렀어요? 무슨 일 있어요?"

걱정 어린 눈으로 자신을 바라보는 그녀의 눈이 밝게 빛났다.

"아니, 그냥. 할 말이 있어서."

호찬은 고개를 가로저었다.

밝게 웃는 그녀의 고운 얼굴은 불안정한 마음을 달래주기 충분하였다.

"할 말이요? 뭔데요?"

그녀가 눈을 동그랗게 뜨며 자신을 바라본다.

그 모습에 호찬의 심장이 요동쳤다.

그녀에 대한 마음을 자각하고 난 이후에는 더 이상 그 마음이 커지는 것을 막을 수 없었다.

부풀대로 부푼 감정이 그를 미치게 했다.

그녀의 하얀 손을 잡는 것이 다른 사람이 아니라 자신이었으면.

그녀의 티 없이 맑은 두 눈이 자신만을 바라봐주었으면.

그녀가 맑은 목소리로 귓가에 사랑을 속닥여주었으면.

그녀를 좋아한다. 다른 누구보다도 그녀를 사랑한다.

"혜진아, 나 너 좋아한다. 우리 연애하자."

계속해서 적중이 되지 않아 **연패**에 빠졌다고요?

•

그 상황에서
좋은 경기조차 보이지 않는다고요?

•

흐름이 너무 좋지 않다고요?

•

어떻게 해야 하냐고요?

그렇다면...!
그냥...

쉬세요!

쉬는 것도 하나의 방법입니다.

억지로 베팅을 할 필요는 없습니다.
그 누구도 권하지 않았습니다.

본인의 선택일 뿐입니다.

안 좋은 흐름을 꼭 **적중으로 끊을 필요는 없습니다.**

그저 쉬어가면 됩니다.

좋은 경기도 없는데
억지베팅을 계속 하게 된다면

▼

나만의 원칙을 어기게 되고
판단력이 흐려져 **좋지 못한 베팅만 반복**되고
더더욱 안좋은 상황으로 치닫게 됩니다.

연패에 빠졌을 때, 좋지 않은 흐름일 때는
자신있는 종목이나 분석에서
확신이 느껴지는 경기가 나올 때까지
그냥 기다리세요.

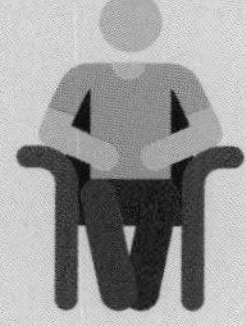

Check Point!

억지로 베팅을 하는 순간
그때부터는
투자가 아닌 투기가 되는 것이며
재테크가 아닌 도박이 되는 것입니다.

chapter 84

잃지 않으면 수익은 따라온다

또 하면 되죠

그 감정을 입 밖으로 내기 전에는 두려웠다.

그녀가 어떤 얼굴을 지을까.

거절하면 어떡하지? 거절하면 우리는 이제 어떤 얼굴로 서로를 바라보게 될까.

차라리 입 밖으로 내지 않는다면, 그녀의 미소를 계속 볼 수 있을 텐데.

그런 걱정은 호찬이 고백을 한순간 저 멀리 사라졌다.

오로지 지긋이 바라보며 그녀가 대답해주기를 기다렸다.

"농담하지 마요. 저번에도 농담이라고 했잖아요. 어, 진짜예요?"

호찬의 웃음기 하나 없는 진지한 눈빛에 혜진이 되물었다.

호찬은 고개를 끄덕였다.

"좋아해. 한 치의 거짓 없이. 김호찬이 최혜진 당신을 좋아한다고."

"오빠……."

"너라는 사람을 모르고 내가 의미 없이 흘려보낸 시간이 너무 아까워서, 앞으로의 내 모든 시간에는 너와 함께 하고 싶어."

호찬의 고백에 혜진의 뽀얀 얼굴이 붉어졌다.

"나도 오빠가 좋아요."

그리고 그녀가 고개를 끄덕였다.

호찬은 그녀의 승낙에 그녀의 몸을 끌어당겼다.

잘록한 허리는 한 손으로 감싸기 충분했고 그녀는 힘없이 호찬에게 끌려 품에 안겼다.

"어!"

갑작스러운 포옹에 혜진의 입술에서 외마디 비명이 나왔지만, 이내 호찬의 입술이 그녀의 입술을 덮었다.

이루 말할 수 없을 정도로 촉촉하다.

가뭄에 말라붙은 논에 쏟아지는 소나기처럼 간절하고 달콤하다.

바짝 말라붙은 것만 같던 입술에 초록의 생기가 감도는 것 같다.

두 눈을 감고 자신의 키스를 받아들이는 혜진의 얼굴이 아름답다.

자신의 혀에 닿는 그녀의 혀에 머리가 한 바퀴 빙 돈다.

스산하게 불었던 바람도, 거닐고 있는 몇몇 사람도, 모든 것을 잊게 만드는 환희가 몰아친다.

지금 그들에겐 이곳에 둘밖에 없었다.

다른 모든 것을 잊고 서로를 느끼며, 둘의 마음을 확인했다.

호찬은 입술을 떼고 그녀의 얼굴을 확인했다.

오랜 키스에 달뜬 숨을 내뱉는 그녀가 아름다웠다.

얼마나 긴 시간이었을지 모를 키스였다. 짧았을 수도 있지만, 그것은 중요한 것이 아니다.

단지 그녀와의 키스는 너무나 황홀했다. 그래서 아쉬웠다.

"표정이 왜 그래요. 오빠."

"그냥, 아쉬워서. 이 순간이 안 끝났으면 해서."

"또 하면 되죠."

혜진이 배시시 웃으며 키스한다.

한 방에 큰 돈을 얻고 싶은 사람의 심리는
누구나 같습니다.

그래서 어떤 사람들은 저배당 베팅을 무시하고
고배당 위주의 경기로만 베팅을 합니다.

! 여기서 말하는 고배당이란 **2배당 이상**

하지만, 이러한 방법으로는
항상 일정하게 수익을 낼 수가 없습니다.

이렇게 해서 수익이 났다 하더라도
운이 좋았을 뿐이지 실력은 아닙니다.

이것은 투자(재테크) 가 아니라
운에 맡기는 명백한 **투기(도박)** 입니다.

욕심을 버리고 **나만의 원칙**을 지켜나가야 하며
도박으로는 절대 접근하면 안됩니다.
스포츠 베팅은 분석이 가능한 종목입니다.

잃지않는 것에
초점을 둔다면
저절로 수익은 따라오게 되어있습니다.

chapter 85 손실을 한 번에 메꾸려고 하면 안 된다

해안가 도로

하늘은 구름 한 점 없이 파란빛을 띠었다.

에메랄드 빛으로 밝게 빛나는 바다는 잔잔하다.

이따금 치는 파도가 바위에 부딪쳐 생긴 포말이 에메랄드빛을 하얗게 물들이고 있었다.

바닷가에 정차된 차에 기대어 앉은 호찬의 얼굴엔 미소가 걸려 있었다.

한순간도 놓치기 싫은 아름다운 정경이다.

그리고 무엇보다도 아름답고 사랑스러운 그녀가 있기에 시선을 뗄 수 없었다.

파도가 발가락을 간지럽히자 혜진이 까르르 웃는 것이 보였다.

"오빠! 이리와!"

혜진의 손짓에 호찬이 폴라로이드 카메라를 들고 그녀에게 걸어갔다.

바람에 흔들리는 흑발의 머리칼과 햇빛에 약간 그을린 피부로 매력을 더한 그녀가 밝게 웃는다.

순백의 셔츠에 미니 청바지를 입은 그녀의 모습이 숨이 멎을 정도로 아름다워 호찬은 카메라를 들어 그녀를 찍었다.

지이잉.

사진으로는 그녀의 매력을 다 담을 수 없었다.

그래도 아쉽지 않다. 함께 하는 이 순간이 더 소중하기에.

"오빠, 우리 같이 사진 찍자."

호찬은 자연스레 그녀를 품에 안고 바다를 뒤로하고 사진을 찍었다.

"예전에 겨울 바다에 갔을 때 생각난다. 오빠도 기억나?"

"당연히 기억하지. 그때도 너랑 이렇게 셀카로 찍었었는데. 그때부터였던 것 같아. 심장이 어찌나 쿵쾅거리던지."

"뭐야, 난 그전부터 좋아했는데. 사실 오빠랑 가고 싶어서 지온이한테 부탁했었어. 내가 그날밖에 시간이 안 돼서 급하게 갔었는데."

혜진이 배시시 웃었다.

"뭐야, 그랬어? 언제부터 좋아했는데?"

"안 말해줄 거야. 그나저나 오빠, 아직도 나보면 심장이 두근두근해? 어디 확인해 볼까?"

"어어, 말 돌리지 말고."

혜진의 손이 호찬의 셔츠 안으로 불쑥 들어왔다.

심장이 있는 곳을 찾아 더듬어 가던 부드러운 손이 멈췄다.

"예전보다 약하게 뛰는 거 같은데. 실망이야."

"물 밖에 나온 활어처럼 펄떡거리고 있는데 어찌 그러십니까?"

새초롬한 표정을 짓던 혜진이 호찬의 농담에 피식 웃음을 터뜨렸다.

오픈카를 탄 둘은 쭉 뻗은 해안가 도로를 달렸다.

여전히 하늘은 구름 한 점 없이 푸른 빛을 띠었고 도로 옆에 펼쳐진 에메랄드 빛 바다는 햇빛을 받아 반짝거렸다.

펄럭.

바람에 호찬과 혜진이 찍은 사진들이 휘날려 멀어졌다.

그러나 둘은 그것을 굳이 잡으려 하지 않았다.

둘에게 가장 소중한 서로가 함께 있기에, 사진으로 남은 지난 일은 기억 속에 추억으로 남기고 함께 할 행복한 나날들이 중요했다.

항상 맞을 수는 없습니다.

누구든지
맞고 틀리고를 **반복**하게 될 수 밖에 없습니다.

맞고 틀리고를 계속해서 반복하면서

✔ **원칙을 개선**시켜 나가고
✔ **적중률을 조금씩** 높이면서

야금야금 수익을 벌어 나가는 것이
올바른 베팅 방법입니다.

물론, **인생 한 방** 만을 노린다면

고배당 경기를 여러 개 선택하여
한 방을 노리는 방법도 있습니다.

(**Chapter71** 로또픽)

하지만
우리는 일확천금을 노리는 것이 아닙니다.

계속된 베팅을 통해 일정한 이득을 얻어 가려면
기준점 없이 베팅을 할 때마다
달라지지 않는
나만의 체계적인 원칙을 만드는 것이
무엇보다 중요하고
위험(리스크)관리 역시 중요하며
멘탈 관리, 일정함, 꾸준함이 필요합니다.

나만의 원칙으로 베팅하여 틀릴 수도 있습니다.
아니, 처음에는 계속해서 틀리는 것이 당연합니다.

하지만 이를 바탕으로
나만의 원칙을 **수정·보완·개선**해 나가야 합니다.

손실을 한 번에 메꾸려고 나만의 원칙을
벗어나 마음대로 하면 안됩니다.

물론, 계속해서 잃게 되면 누구나 흔들릴 수는 있습니다.

그럴 때마다 다시 한 번 나만의 원칙을
처음부터 정독하면 큰 도움이 됩니다.

chapter

86 원칙을 깰 줄도 알아야 한다

에필로그

나는 토토 커뮤니티에 올라온 글을 확인하고 있다.

오늘도 올라왔다.

[적중]

보통 고액의 적중 내역을 인증하는 글이면 온갖 말을 붙이며 자랑하면서 기쁜 감정이 글에도 묻어 나오기 마련인데, 이 사람은 적중이란 짧은 제목과 적중용지를 찍어 올릴 뿐이다.

문제는 그 적중 내역이 어마어마하다는 것이다.

이 정도면 토토만 해도 먹고 살겠는데?

아이디를 확인한다.

[김대리]

오늘 올라온 사진을 찬찬히 살펴본다.

평소와 다르게 적중 내역이 찍힌 사진 귀퉁이에 종이가 보인다.

사진을 확대하니 화질이 깨지는 바람에 프로그램을 돌려 화질 보정을 해보았다.

병식이라고 쓰여 있다.

이 사람 이름이 김병식인가? 아무튼, 지금까지 찾지 못한 그럴듯한 단서다.

인터넷에 병식과 토토, 지금껏 내가 찾은 단서를 입력한다.

한참을 뒤지다가 블로그 글이 하나 나왔다.

토토방 점장이 친절하고 커피가 맛있다는 내용이었다.

병식토토라는 간판이 보인다.

느낌이 온다. 이것은 아주 중요한 단서다.

나는 그길로 서울로 향했고 토토방에 살듯이 들락거렸다.

블로그 말대로 점장은 엄청 성격이 좋았다. 커피는 그럭저럭 먹을 만했다.

그리고 한 남자를 만났다.

나이는 젊었다. 키도 크고 잘 생긴 편이라 마음에 들지 않는다.

남자가 돈을 환급받는 것이 며칠이고 계속 보였다.

이 남자다.

[김대리]가 이 남자라고 내 육감이 소리를 지른다.

난 그에게 김대리냐고 물었다.

그가 어떻게 알았냐고 하길래 내가 추적한 것을 말해주었다.

그가 올린 게시글에서 사소한 단서 하나 놓치지 않고 끌어 모아 당신을 찾아왔다고 답했다.

그리고 부탁했다.

토토에 대해서 가르쳐 달라고. 당신의 도움이 필요하다고.

남자의 시선이 날 훑는다.

사람을 꿰뚫어 보는 눈빛에 소름이 돋는다.

내가 왜 가르쳐주어야 하지라고 남자가 차갑게 말한다.

이 지옥같이 참담한 현실에서 날 구제해달라고 울부짖었다.

나의 절규를 지켜보던 남자가 씨익 웃는다.

지금까지 계속해서
원칙을 지키는 게 중요하다 말해 왔으면서

이제 와서 원칙을 깰 줄도 알아야 한다니
이게 무슨 소리인가 싶으시죠?

제가 말하고자 하는 것은 원칙도 중요하지만
! **원칙에서 유연성을 가져라**는 뜻입니다.

보통 나는 안 그럴 것이라고 생각하지만
잘못된 것을 알면서도 계속 자기만의 베팅 방식을
고집하는 분들이 생각 외로 많습니다.

대개, 특정한 방법으로 우연히 수익을 내게 되면서
그 부분을 **맹신**하게 되어 틀렸다는 것을 인지하면서도
계속해서 그 부분을 놓질 못하는 것입니다.

사례

❶ **맞대결 성적**으로 분석하여 적중이 됨

❷ 하지만 그 때 한번의 적중 이후 **몇 달 동안 미적중**

❸ 그럼에도 **그 때의 기억때문에**
맞대결 성적을 놓지 못하고
항상 나만의 원칙에서 **높은 비중**을 차지

❹ 계속된 미적중과 **악순환**

나만의 원칙을 만들다 보면 이러한 경우가 많으며
특히나 **좋았던 기억**이 있었던 원칙을 내려놓기란
여간 쉽지 않습니다.

그렇다고
매번 틀릴 때 마다 원칙을 바꾸라는 뜻은 아닙니다.

스포츠 베팅은
자신만의 신념과 철학, 원칙을 가지고
일정하게 베팅하는 것이 가장 중요합니다.

원칙을 정해놓고 그 원칙에 따라
일정하게 베팅한다면
틀리더라도 원칙 중에서 **잘못된 부분을 조금씩 수정**해 나가면 되는 것이고
부족하다 생각되는 부분은 **체크리스트를 추가**해
원칙을 계속해서 만들어 나가면 됩니다.

그리하여 궁극적으로
완성된 나만의 원칙을 만들어야 하는 것입니다.

이것이 바로 스포츠 베팅의 핵심입니다.

Check Point!

현대축구에서 감독의 역량 중
중요하게 차지하는 부분이 바로
전술의 유연함 입니다.

원칙도 중요하지만 그 원칙을 깰 줄도
알아야 더 높은 곳에 도달할 수 있습니다.

나만의 원칙

체크리스트 (예시)

순번	카테고리	내용
1	종목선정	잘 모르는 종목은 선택하지 않고 아는 종목만 선택한다. 농구와 배구는
		잘 모르기 때문에 제외하고 우선적으로 축구와 야구만 선택한다.
2	구매	충동구매를 절대 하지 않는다.
3	경기선정	낮 경기는 피한다.
4	언더오버	~~언더오버는 야구종목 위주로 한다.~~ 야구보다 축구 언더오버 성적이 더 좋았음.
5	핸디캡	핸디캡 승리는 정말 확실하지 않는 이상 배제한다.
6	심리	충동구매를 막기 위해 토토방에 가서 구매를 한다.
7	경기선정	5 이상의 고배당 경기는 선택하지 않는다.
8	심리	나 스스로 분석, 연구한다.

토계부 (예시)

Sports Ledger		평균경기수	2.8	평균배당	2.46	적중률	80%	이전수익	23,000	
순번	구매일시	구매내역			배당	구매액	적중	적중금	누적수익	비고
	20-11-01	토트넘 승 + 라이프치히 승 + 대한민국 승			3.3	10,000	◯	33,000	23,000	83회차
2	20-11-04	브라질 승+노리치시티 승+아르헨~~티~~나 승			2.8	10,000	X	0	13,000	
		+ 우크라~~이~~나 승								
3	20-11-11	사우스햄튼 승 + 토론토 승			2.3	15,000	◯	34,500	32,500	주말경기
		+마이애미 승(더블헤더 첫경기)								미리베팅
4	20-11-21	네덜란드 승 + 잉글랜드 승			1.8	10,000	◯	18,000	40,500	85회차
5	20-12-01	야쿠르트 승 + 골든스테이트 승			2.1	10,000	◯	21,000	51,500	
구매횟수	5	총경기수	14	합계	12.3	55,000	4	106,500	74,500	12월

※ **평균경기수** = 총경기수 ÷ 구매횟수 | **평균배당** = 배당합계 ÷ 구매횟수
적중률 = 적중횟수 ÷ 구매횟수 | **누적수익** = 이전누적수익 - 구매액 + 적중금

나만의 원칙

체크리스트

순번	카테고리	내용

나만의 원칙

체크리스트

순번	카테고리	내용

나만의 원칙

체크리스트

순번	카테고리	내용

나만의 원칙

체크리스트

순번	카테고리	내용

나만의 원칙

체크리스트

순번	카테고리	내용

Sports Ledger		평균경기수	평균배당		적중률		이전수익	
순번	구매일시	구매내역	배당	구매액	적중	적중금	누적수익	비고
구매횟수		총경기수 합계						

※ **평균경기수** = 총경기수 ÷ 구매횟수 | **평균배당** = 배당합계 ÷ 구매횟수
적중률 = 적중횟수 ÷ 구매횟수 | **누적수익** = 이전누적수익 - 구매액 + 적중금

잘된점

잘못된점

나만의 원칙 수정·보완

총평

Sports Ledger		평균경기수 / 평균배당		적중률		이전수익		
순번	구매일시	구매내역	배당	구매액	적중	적중금	누적수익	비고
구매횟수		총경기수 / 합계						

※ **평균경기수** = 총경기수 ÷ 구매횟수 | **평균배당** = 배당합계 ÷ 구매횟수
적중률 = 적중횟수 ÷ 구매횟수 | **누적수익** = 이전누적수익 - 구매액 + 적중금

잘된점

잘못된점

나만의 원칙 수정·보완

총평

Sports Ledger	평균경기수		평균배당		적중률		이전수익	

순번	구매일시	구매내역	배당	구매액	적중	적중금	누적수익	비고
구매횟수		총경기수 / / 합계						

※ **평균경기수** = 총경기수 ÷ 구매횟수 | **평균배당** = 배당합계 ÷ 구매횟수
적중률 = 적중횟수 ÷ 구매횟수 | **누적수익** = 이전누적수익 - 구매액 + 적중금

잘된점

잘못된점

나만의 원칙 수정·보완

총평

Sports Ledger		평균경기수		평균배당		적중률		이전수익		
순번	구매일시	구매내역			배당	구매액	적중	적중금	누적수익	비고
구매횟수		총경기수		합계						

※ **평균경기수** = 총경기수 ÷ 구매횟수 | **평균배당** = 배당합계 ÷ 구매횟수
적중률 = 적중횟수 ÷ 구매횟수 | **누적수익** = 이전누적수익 - 구매액 + 적중금

잘된점

잘못된점

나만의 원칙 수정·보완

총평

Sports Ledger	평균경기수		평균배당		적중률		이전수익	
순번	구매일시	구매내역	배당	구매액	적중	적중금	누적수익	비고
구매횟수		총경기수		합계				

※ **평균경기수** = 총경기수 ÷ 구매횟수 | **평균배당** = 배당합계 ÷ 구매횟수
적중률 = 적중횟수 ÷ 구매횟수 | **누적수익** = 이전누적수익 - 구매액 + 적중금

잘된점

잘못된점

나만의 원칙 수정·보완

총평

Sports Ledger	평균경기수		평균배당		적중률		이전수익	

순번	구매일시	구매내역	배당	구매액	적중	적중금	누적수익	비고

구매 횟수		총경기수		합계						

※ **평균경기수** = 총경기수 ÷ 구매횟수 | **평균배당** = 배당합계 ÷ 구매횟수
적중률 = 적중횟수 ÷ 구매횟수 | **누적수익** = 이전누적수익 - 구매액 + 적중금

잘된점

잘못된점

나만의 원칙 수정·보완

총평

장은석 (babyneo9ri@naver.com)

스포츠분석예측 업체에서 분석교육을 담당하였으며, 현재는 스포츠컨텐츠 프로젝트매니저(PM) 및 스포츠 애널리스트로 활동하고 있습니다. 분석교육을 통하여 많은 스포츠 애널리스트를 양성하였고 스포츠토토 관련분야 전문가들과 함께 일하여 다양하고 새로운 베팅기술을 보유하고 있습니다.
또한, 분석교육 강사모집을 위해 전국각지에 숨어있는 재야의 고수들을 만나보았고 그들만의 분석 방법, 팁과 노하우 등 수많은 스포츠토토 관련 경험과 지식을 알게 되었습니다.
이러한 경험을 통해 변수를 최대한 줄여 잃지 않는 올바른 베팅기술과 분석방법을 정립하였습니다.

- 홈페이지 _ https://blog.naver.com/babyneo9ri
- 출처 및 인용 _ 사행산업통합감독위원회, betman, 국민체육진흥공단, 기획재정부

카드뉴스 형식으로 알기 쉽게 설명한

스포츠토토 바이블

2021년 2월 10일 초판 발행
2023년 2월 20일 2판 인쇄
2023년 2월 25일 2판 발행

펴낸이 | 김정철
펴낸곳 | 아티오
지은이 | 장은석
스토리 | 이용철
표　지 | 김지영
편　집 | 이효정
카드뉴스 디자인 | 이은지
마케팅 | 강원경
전　화 | 031-983-4092~3
팩　스 | 031-696-5780
등　록 | 2013년 2월 22일
정　가 | 22,000원
주　소 | 경기도 고양시 호수로 336 (브라운스톤, 백석동)
홈페이지 | http://www.atio.co.kr

* 아티오는 Art Studio의 줄임말로 혼을 깃들인 예술적인 감각으로 도서를 만들어 독자에게 최상의 지식을 전달해 드리고자 하는 마음을 담고 있습니다.

* 잘못된 책은 구입처에서 교환하여 드립니다.